未来哲学双書

東洋哲学序説

西田幾多郎と双面性

西平 直
Nishihira tadashi

未来哲学研究所

装画＝大森慶宣
装幀＝矢部竜二《Bow Wow》

◎目　次◎

第三章　『起信論』と「双面性（非一非異）」　125

――井筒俊彦『意識の形而上学』を手がかりとして

序　章　東洋的世界観の論理

1　西田と「論理」

西田は「論理」を求めた。正確には、論理が「そこ」から生じる、その生成の現場を求めた。「論理と数理」（哲学論文集・第六）の冒頭は、論理を「実在の自己表現の形式」という。

私は論理と云ふものは、実在の自己表現の形式と考へる。実在と云ふのは、それ自身によつて有り、それ自身によつて動くものである。それ自身によつて有り、それ自身によつて動くものは、多と一との矛盾的自己同一に於て自己自身を有つものでなければならない。それは多に於て基底を有つこともできない、一に於て基底を有つこともできない。かくの如く、多と一との矛盾的自己同一に於て自己自身を有つものは、自己自身を表現するものである、自己表現に於て自己を有つものである。自己表現に於て自己を有つと云ふことは、表現するものが表現せられるものである。考へるものが考へられるものである、映すものが映されるものであると云ふことである、一言に自覚と云ふことである。

（「論理と数理」『西田幾多郎全集』第十巻四九頁、以下十巻四九頁と略）

＊　以下、西田の著作からの引用はすべて新版『西田幾多郎全集』（岩波書店、二〇〇二―二〇〇九年）による。巻数と頁数のみ、カッコに入れて記す。

論理は「実在の自己表現の形式」である。実在の外に、思考の形式として論理があるのではなくて、実在の自己表現の形式が、論理である。

では「実在」とは何か。西田は（ここでは足早に）三つの点を挙げる。実在は、一、それ自身によって有る。二、多と一との矛盾的自己同一に於て自己自身を有つ。三、自己表現に於て自己を有つ。自己表現においては、「表現するものが表現せられるものである」。それは一言でいえば、「自覚と云ふこと」である。

つまり、この場面で西田は、論理を「自覚の形式」と語ったことになる。この「自覚」は世界の自覚であり、個人の自覚である。世界が、私たちの自覚を通して、自覚する。私たちの思考を通して、実在が「考える」。私たちが論理的に考えるということが、実在そのものの顕現である。そこで「表現するもの」が「表現せられるもの」になる。「考へるものと考へられるもの」が一致し、「映すものと映されるもの」が一致する。論理とは、そうした仕方で実在が自己を表現する形式である。

こうして、論理は「形式」である。しかし、具体的な世界から離れない。「論理は歴史的世界から離れたものでなく、歴史的生命の表現的自己形成の形式でなければならない」（「哲学論文集・第三、序」八巻二五七頁）。

アリストテレスの論理は、ギリシアの歴史的・社会的背景の中で成り立った論理であり、その形而上学と不可分である。カントの論理も同様に、その時代に特有な「歴史的生命」の自己形成である。

では、論理はすべて、時代ごとに特殊か。そうではない。「客観的一般性と云ふものがないなどと云ふのではない。種々なる時代と云ふのは、具体的な歴史的生命の種々なる発展として、種々なる物の味方考へ方を有つのである。それは具体的論理の特殊形と云ふことができる。具体的論理の形式は、歴史的生命の成立に於て求められなければならない」（同）。

ここに「具体的論理」という言葉が登場する。それは「形式論理」とは、一度、区別される。しかし正確には、形式論理の方が、具体的論理の一側面である。

「具体的論理は、現実の世界の自己表現の形式でなければならない。形式論理とはその抽象的形式にすぎない」(「知識の客観性について」九巻四六三頁)。

現実の世界は「多と一との矛盾的自己同一」であるから、具体的論理は、多を捨象しない。むしろ、多と一との矛盾的自己同一の形式である。

論理が世界の記号的自己表現面として、真の論理になるには、単に個物的多を否定して抽象面的となるのでなく、却《かえ》つて個物的多を自己限定として含むという性質を有つて来なければならない。即ち所謂《いわゆる》具体的論理の性質を有つて来なければならない。

(「知識の客観性について」九巻四四一頁)

具体的論理は、個別的な多を捨象することなく、「個物的多を自己限定として含む」。「多と一との矛盾的自己同一」という実在の在り方が自己表現する、その形式である。

さて、以上のような「論理」の追究を、初めて集中的に論じたのが、論文「論理と生命」である(「知識の客観性について」や「論理と数理」は、「論理と生命」を個別の課題に即して検討したものである)。

その中で、西田は「対象論理」という言葉を使う。対象論理の「対象」には自己が含まれない。「歴史的実在といふものは単なる対象論理によつて考へることはできない。対象論理の対象界の中には、働く自己といふものは入ることはできない。然るに、歴史的実在の世界は働く自己を含んだものでなければならない」（「論理と生命」八巻八頁）。

自己は対象化されない。対象論理で考えている限り、それを考えている自己（働く自己）が抜け落ちてしまう。対象論理の「対象」には自己が含まれない。

そこで何らか異なる（働く自己を含んだ）「論理」が必要になる。「対象化」する論理とは異なる、むしろそれを包み込むような立体的出来事。あるいは、前者を「表象」と理解してみれば、後者は「表現するものと表現されるものとが分かれていない（知るものと知られるものとが分かれていない）」出来事である。

しかし対象論理を軽視するのではない。「論理は一面にどこまでも対象論理的でなければならない。然らざれば、論理ではない」（同、八巻九頁）。

ところが、対象論理は、具体的な実在から抽象されて成り立つ。ということは、具体的な実在の方が豊かである。そこで、「具体的論理はその否定的契機として抽象的論理を含まねばならないが、抽象的論理の立場から具体的論理的に考へることはできない」（「絶対矛盾的自己同一」八巻四二四頁）。

必要なのは、「実在から論理を見る」ことである。既に出来上がっている対象論理から実在を考えるのではない。実在から出発して、実在の中から論理が生成する出来事を捉える。「実在の論理化」を考えようとする（「論理と生命」八巻九頁）。

それが「具体的論理」であったことになる。自らがそこに含まれる歴史的世界を論理化してゆく形式。

我々の自己が歴史的制作的自己として実在を把握し行く所に、具体的論理といふものがあるのである。そこに多と一との矛盾的自己同一として我々が含まれて居る世界が、自己自身を明にすると云ひ得るであろう。われわれの意識は自己矛盾的に世界の意識となるのである。故にそこに我々が実践によつて実在を映ずとか、物が物自身を証明するとか云ふこともできる。

（「絶対矛盾的自己同一」八巻四二四頁）

私たちが実在を、実在の在り方に即して把握しようとするところに、具体的論理が成り立つ。それは世界が自己を顕《あらわ》すということである。あるいは、「自覚する」ということである。「歴史的現実が現実自身を自覚する時、論理と云ふものが出て来るのである」（「知識の客観性について」八巻四五〇頁）。

その時、世界は、私たちの意識を通して、自己を顕す。「物が物自身を証明する」ともいう。

ところで、『善の研究』は「論理」という言葉を強調しなかった。それに対して、ある時期以降（およそ「哲学論文集」の時期以降）の西田は、盛んに「論理」に注目する。例えば、次のように語る（一九三七年九月、信濃哲学会における講演、西田六十七歳）。

「『善の研究』のやうな考をどこまでも論理的に考へようといふのがこの十年以来の私の努力であ

つて、『善の研究』で初めて自分が考へたやうなことを本当に学問的に練上げるには、従来の論理ではどうも十分よくいかない。そこで、ひとつの新しい論理がなくてはならない。そういふ論理を工夫しようと努力したのである」(「歴史的身体」十二巻三四三頁)。

つまり『善の研究』で語ったことを論理的に考え直す。しかし、従来の論理ではうまくゆかない。そこでそれに相応しい論理を追究した。ところがまさにその追究は『善の研究』の「根本の精神」を論理化する仕事でもあった、というのである。

さて、西田がこうした独自の「論理」を探求していた時期、その周辺もまた「論理」を追究していた。田邊元は「種の論理」を語り、三木清は「構想力の論理」を求めた。あるいは、務台理作は西田哲学を「場所の論理」と読み解き、最晩年の西田に影響を与えていた。

＊ 務台と西田との関係については、本書第Ⅱ部第四章(一八三―一八四頁)。務台は「つつむ」という言葉で次のように論じた。「場所的につつみ・つつまれるとは、つつむものがつつまれるものを自らの中に映し、又反対に、つつまれるものの中につつむものが映されるという関係に於いて、相互にその内へ浸透し、かくてその映す関係が相互にひるがえる。つつむものがつつまれるものになり、つつまれるものがつつむものとなる」(務台理作『場所の論理学』こぶし書房、一九九六年、初版は一九四四年、一一一頁)。

2　東洋の論理――『日本文化の問題』

西田は「東洋」に固有の論理という。西洋の論理とは違う。東洋には東洋に独自の論理がある。では、「東洋」とは何か。西田はそれを「我々がその中に育ってきた」世界と言い換える。例えば、「東洋思想と云ふやうなものは、つまり我々が其の中に育ってきた思想、例えば仏教のやうなものは（以下略）」という（「歴史的身体」十二巻三四三頁）。

むろん、話は仏教に限定されるわけではない。しかし、「我々が其の中に育ってきた思想」として、まず仏教に言及している点は注目される。若き日の西田は、ある時期、仏教研究に惹かれ、しかしそうした自分を諫めている。『大乗起信論』を読了した日の日記にはこう記されている（西田三十三歳、本書八五頁）。

起信論一巻読了　余は時に仏教の歴史的研究をもなさんと欲す　余はあまりに多欲　あまりに功名心に強し　一大真理を悟得して之を今日の学理にて人に説けは可なり　此の外の余計の望を起すへからす　多く望む者は一事をなし得ず。（「日記」十七巻一二二頁）

そして西田は自らを西洋に向かわせた。仏教の研究には進まなかった。仏教を始めとした「我々が其の中に育ってきた思想」を専門的に研究したわけではなかった。それは、鈴木大拙や井筒俊彦の仕事と比べる時、明らかである。西田はアウグスチヌスやヘーゲルのテクストと格闘したのであって、大乗仏教のテクストと格闘したわけではなかった。

にもかかわらず（あるいは、だからこそ）、晩年の西田は仏教哲学に期待した。自らが追究した「論理」はその中に生きている。仏教哲学の中で語られてきた「論理」こそ、自分が追究した「論理」と重なる。しばしばそう語った。

言い換えれば、西田は、一方で、「我々が其の中に育ってきた思想」を西洋哲学と対決させることによって「論理化」しようと試みながら、他方で、西洋哲学の「論理」によって論理化するのではなく、「我々が其の中に育ってきた思想」を論理化するために適切な「新しい論理」を追究していたことになる。

＊　井筒俊彦の言葉で言えば、西洋の学問的道具を使うのではない。その文化自身の言葉によって言語化する。「『古事記』的な哲学的思惟が自然に出てくるように」、哲学化する。しかし、そのためには、まず西洋哲学の論理を徹底して学ぶ。その上で、西洋とは異なる論理を新しく見出す。結果的に、西田の歩みも、その順に沿っていたことになる（拙著『東洋哲学序説 井筒俊彦と二重の見』序章、未来哲学研究所／ぷねうま舎、二〇二一年、一九頁）。

若き西田は西洋の学問に触れた。「我々が其の中に育つてきた思想」ではない。自分が拠って立ってきた「物の見方考へ方」とは異なる学問の論理を通して、自らが拠って立ってきた「世界観」を解き明かそうとした。しかし、限界を感じる。西洋哲学の「論理」では適切に論理化することができない。むしろ、「我々が其の中に育つてきた思想」を論理化するために適切な「新しい論理」が必要になる。

ところが、西田はその「論理」を、直接、仏教思想に求めたわけではなかった。確かに、仏教思想は西洋とは異なる「物の見方考へ方」を展開させてきた。しかし、仏教はそれを十分に論理化してこなかった。

「私は仏教論理には、我々の自己を対象とする論理、心の論理といふ如き萌芽があると思ふのであるが、それは唯体験と云ふ如きもの以上に発展せなかつた。それは事物の論理と云ふまでに発展せなかつた」（『日本文化の問題』九巻一三頁）。

鈴木大拙宛の書簡では「即非の論理」についてこう語っていた（昭和二十年三月十八日付）。「般若即非の論理といふのは面白いとおもひます。あれを西洋論理に対抗する様に論理的に作り上げねばなりませぬ。さうでないと東洋思想と云つても非科学的など云はれて世界的発展の力を持てない」（二十三巻三五五頁）。

仏教思想は体験に留まっている。それを、西洋論理に対抗できるように、論理化する必要がある。西洋の論理に拠って論理化するのではない。東洋の世界観の中からでてくる、東洋に独自の「新しい論理」によって、論理化する。

西田は繰り返し、そのように強調した。しかし西田自身は、そうした課題の所在を示したのであって、その課題を遂行したわけではなかった。西田は東洋思想を研究対象に据えて集中的に語ることはなかった。

そうした中で、東洋という言葉を前面に出し、「東洋文化」を「西洋文化」との対比の中で語った、講演『日本文化の問題』は貴重である（一九三八年、昭和十三年、京都大学における連続講演、西田六十八歳）。

西田は端的に、東洋文化には論理があるかと問う。

この「文化」という言葉は「人生観や世界観」と言い換えられ、同じく「論理」は「それ自身に独特な物の見方考へ方」と言い換えられる（「我々の人生観世界観はそれ自身に独特な物の見方考へ方、それ自身の論理を有たないであろうか」）。つまり、我々の生活の底から、その生き方を論理的に把握することを「論理」と呼ぶ。

東洋文化の世界観には、西洋文化のそれとは異なる「独自な論理」があるか。西田の疑問は、まず、東洋文化を論じる人たちに向けられる。その人たちも、実は西洋の論理に依拠して論じているのではないか。西洋という「特殊」を、そのまま「一般」として用いているのではないか。

「形式的な抽象論理」であれば、地域や歴史の特殊性からの影響は小さい。しかし、「具体的知識の形式として具体的論理」は、生活の底から、その生き方を論理的に把握する「論理」である。地域や歴史という「歴史的生命の特殊相」と深く結びついている。つまり、西洋論理は西洋の「特殊相」を持ち、東洋には東洋の「特殊相」に即した別の論理がある。そうでないとすれば、「西洋文化に於ての物の見方考へ方」が唯一の論理となり、「東洋文化に於ての物の見方考へ方」は、それに比べて未発展の状態と考えるしかないことになる。

確かにこの点は、遅れて近代を開始した国家（地域）の宿命である。西洋という「特殊」をそのまま「一般」として受け入れ、それによって近代国家となると同時に、それによって、自らを常に「未発展」と位置づけざるを得なくなる。

では、西洋論理と東洋論理という二種類の論理を設定するのか。西田は、論理はひとつであるという（「私は西洋論理と云ふものと東洋論理と云ふものと、論理に二種あると云ふのではない。論理は一でなければならない」）。

「論理」は、論理である限り、ひとつである。西田は「論理」に、特殊を超えた「一般」を期待する。ところが他方で、西田は「具体的論理」を求める。生活の底からその生き方を論理的に把握する「論理」。その場合、地域や歴史という「歴史的生命の特殊相」から離れることはできない。西田は「歴史的世界の自己形成作用の形式」とも言い換える。それは、歴史的世界の発展に応じて、異なった方向を持つ（「それは歴史的世界の自己形成作用の形式として、その発展につれて異なつた方向を有つに至るのである」）。

そう理解したうえで、西田は（「大まかに云へば」と前置きしながら）、西洋の論理と東洋の論理とをこう区別する。西洋論理が「物」を対象とした論理であるのに対して、東洋論理は「心（自己）」を対象とした論理である。正確には、「自己」だけを対象にするのではない。東洋論理は「物と自己との関係」を対象とする。事物は自己から離れては存在しない。常に自己との関係の中で存在している。西洋論理が「物」だけを独立させて対象とした論理であるのに対して、東洋論理は「物と自己との関係」を対象とした論理である。

前者を「対象論理」、後者を「場所的論理」と呼ぶこともあるが、名称は一定しない。のみならず、この同じ論点が、場面によって（コンテクストによって）、異なる問題として展開する。

第一は、（先に見た）仏教はそれを体験として発展させたが、論理化しなかったという点。仏教には「自己を対象とする論理」の萌芽があった。しかし、事物の論理として論じることがなかった。したがって、東洋を研究対象にしただけでは足りない。「深く東洋的な物の見方考へ方を反省して、新らしい物の見方考へ方を把握する」。つまり、「新しい論理」を、東洋の中から、把握する必要がある。

第二に、まず、西洋論理を学ぶべきである。西洋論理は世界的な論理である（「私は偉大なる論理の体系的発展として今日の西洋論理を認めるに吝《やぶさか》なるものではない。而して我々は之を世界的な論理として先ず之を学ぶべきであろう」）。

西洋論理を軽視してはならない。「縦《たとい》、東洋思想の底に異なつたものがあつたとして、それは客観的論理として発展せなかつた。我々は先づ西洋論理を論理として之によつて論理的思惟を形成せなければならない。併しそれと共に、私はそれが単に論理そのものと云ふのではなく、西洋文化の精神を根柢としたものたることを思はざるを得ない。単に西洋論理的思惟によつて東洋文化を考へようとする時、歪めないでは考へられないと思ふのである」（『日本文化の問題』九巻六九頁）。

最初は西洋論理を学ぶ。しかし、実はそれが西洋という「特殊相」に限定されたものであったことを確認する。そしてそれとは異なる、東洋という「特殊相」に即した論理を求める。「先づ西洋論理と云はれるものを徹底的に研究すると共に、何処までも批判的なるを要する」というのである。

第三に、今度は、東洋の方を優位と見る。東洋の論理は西洋の論理を否定しない。むしろ西洋の論理を自らの内に含む。先に見た東西の対比では、西洋論理が「物」だけを独立させて対象としたのに対して、東洋論理は「物と自己との関係」を対象とすると語られていた。ところが今度は、「物」を対象とすることは、実は「物と自己との関係」を対象とすることの一部分であるという。つまり東洋論理の方が立体的であり、西洋論理はその一側面ということになる。

論文「知識の客観性について」はこう語る。

東洋的文化の立場は西洋的文化の立場を含まなければならない。東洋論理は対象論理を含まなければならない（云はば、科学的とならなければならない）。それは可能であるかと問はれるでもあらう。形式論理の立場から、之に入らない者は、すべて神秘的と定めてしまへば、それまでのことであらう。併し形式論理は論理の一般的形式ではあるが、壐《しか》考へるのは、その抽象的にして無内容たるために外ならない。形式論理的に世界を考へると云ふことは、既に特殊の世界観、人生観に基くものでなければならない。具体的論理は、現実の世界の自己表現の形式でなければならない。形式論理とはその抽象的形式に過ぎない。

（「知識の客観性について」九巻四六三頁）

東洋論理は対象論理を含み込んでいる。対象論理は東洋論理の一側面である。それは、形式論理が「具体的論理の抽象的形式」であったことと、同型である。

では、東洋論理はどのように語られてきたか。

「私は仏教哲学にはそれ自身に独特の物の見方考へ方があり、それを矛盾的自己同一的な場所の論理、心の論理と考へたいと思ふ。心即是仏仏即是心と云ふことは、心を存じて心から世界を考へることでなく、世界から心を考へることでなければならない。それは世界を意識的に見ると云ふことではない。龍樹《りゅうじゅ》の中論《ちゅうろん》に於て既に弁証法的なるものを思はせるのであるが、然もそれは西洋哲学の立場に於ての弁証法とは、根柢に於て異なつた所があるのではないかと思ふ。それが支那に於て、天台の一念三千の世界観となり、華厳《けごん》の事事無碍《じじむげ》の世界観に発展した。華厳に於ては、一即一切一切即一と云ふ」（「日本文化の問題」九巻七一頁）。

西田は、そうした仏教哲学の中に、自らの追究した「論理」が生きていると語った。そして自らの「論理」を多様な仕方で呼んだ。「場所的論理」、「絶対矛盾的自己同一」、「絶対弁証法」、「東洋的世界観の論理」。あるいは「即」という言葉を用いる場合は、「現象即実在」、「絶対即相対」、「一即多・多即一」、「内在即超越・超越即内在」。

本書は、そうした術語をすべて「双面性」という言葉の内に包み込む。「双面性」は西田の用語ではない。井筒俊彦が『大乗起信論』を読み解く際に用いた言葉である。起信論は多様に異なる双面性が多層的に入り組んだ構造を持っていた（本書第Ⅱ部）。

本書は、華厳哲学や『大乗起信論』が語る論理も、西田が追究した「東洋論理」も、すべて含めて「双面性」と呼ぶ。

3　双面性

「双面性」の場面を、あらかじめ、いくつか共有しておく。

一、華厳哲学は「無礙《むげ》」という。礙《さまた》げ合わない。井筒は interpenetration と英訳する（「理事無礙《りじむげ》（理と事の無礙）」は the interpenetration of *li* and *shin*）。

西田は華厳哲学のうち、特に「事事無礙」を強調した。「事」は「個」であり「個物」である。個物と個物とが「無礙」である。個物と個物とが離れているのではないが、融合するのでもない。個々の個物はそれぞれ独立しながら、しかも互いに透き通る（礙げ合わない）。

西田はある時期から、この「無礙」を「媒介者M」と語る。「Mは個物と個物との媒介者」である（「哲学の根本問題・続編」六巻一六七頁）。「E」「A」「M」という記号を用いながら（Eは「個物Einzelnes」、Aは「一般Allgemeines」、Mは「媒介者Medium」）、対立する「個物E」と「個物E」が「媒介者M」を介して結び合い、対立する「個物E」と「一般者A」が「媒介者M」を介して結び合うという。こうした西田の「図式的説明」を華厳哲学と重ねてみる（本書第Ⅰ部）。

二、『起信論』は「和合して、一に非ず異に非ず」という（非一非異）。一体になるのではないが、しかし別々でもない。「和合する」とは一体になることではない。それぞれの独立は保たれる。AとBとが和合する場合、AはBの外にあるのではない。Bの中に内在する。しかしAであり続ける。Aは、Bの中に内在するが、しかしBから超越している。

西田は、現象と実在との関係を「現象即実在」と説く。現象は実在の顕《あらわ》れである。しかし、実在は現象から区別される。実在は、現象として顕れても、実在であり続ける（現象から超越している）。実在のまま留まるわけではないが、実在でなくなるわけでもない。現象に内在しつつ、しかし実在として、現象から超越している。離れているわけではないが（不離）、一体でもない（不即）。矛盾を孕んだ双面的事態。

三、同じことを、実在の自己展開として言い換えれば、実在は、実在のままに留まる仕方では存在しない。実在は現象になる（現象に内在する）。しかし、実在として存在する（現象から超越している）。実在は、その内側から自発的に現象へと自己展開してゆくのだが、実在そのものから離れてしまうわけではない。現象のうちに、内在しつつ、超越している。「内在的超越・超越的内在」である。

四、今度は、現象を「個別的多」、実在を「全体的一」と言い換えてみれば、多と一との双面的な関係である（多即一・一即多）。全体的一は、個物的多を個物的多として現前せしめながら、その現前を可能にする場として、隠れたまま「一」である。「一」のまま動かないのではない。「一」から出て「一」に還《かえ》ってゆく。「一」から「多」へと顕れ、「多」が滅して「一」へと還る。自己否定を内に含んだ自己同一である。

こうした「多」と「一」とについて、西田は「日本文化の問題」の中で、ヘーゲルとの異同に関連して、こんなことを語っていた。

「〔私の考えは〕世界を弁証法的に考へることで、ヘーゲルの考へに似て居る。けれどもヘーゲルの考へはただ過程的でヘーゲルには世界が一々の瞬間に絶対に触れると云ふ考へがない。私は『一が多』『多が一』と考へるが、之は東洋的な考へ方である。東洋でも特に大乗仏教には弁証法がある、それは『一が多』『多が一』と云ふ考へである。私の考へ方は之に依つて考へた訳ではないが、それに通じたものである」（「日本文化の問題」（京都大学月曜講義）十三巻二二頁）。

重要なのは、「世界が一々の瞬間に絶対に触れる」という点である。「一が多」「多が一」という考え方は、世界（相対）がそのつど絶対に触れているということである。しかし、その場合の「絶対」は「無」である。「絶対は、自己の中に、絶対的自己否定を含むものでなければならない。而《しこう》して自己の中に絶対的自己否定を含むと云ふことは、自己が絶対の無となると云ふことでなければならない」（「場所的論理と宗教的世界観」十巻三一五頁。本書一七六頁）。

こうした論理をすべて含めて本書は「双面性」とよぶ。西田が追究した「論理」であると共に、西田が仏教哲学の中に語られていると示した「論理」である。先の通り、「私の考へ方は之に依つて考へた訳ではないが、それに通じたものである」。その関連を、仏教哲学の側から、正確には、井筒俊彦の理解を介した仏教哲学の側から、解きほぐしてみたい。

4　東洋的世界観の論理──生きた流れの中で

西田哲学の「エッセー的」性格は知られている。エッセーであるがゆえに、そこには「仕事場の雰囲気」が常に漂っている。一九三六年初出の林達夫の文章を、少し長くなるがそのまま引く。西田のテクストを読む際、いつも気になっていた点である。

思想家のうちには、書くということが考えることであるようなそういう「随筆家」型があるものなのだ。ところでもしわが国においてそのようなタイプに近い思想家を求めるならば、──多くの人たちは意外に思うかもしれないが──それは西田幾多郎先生ではなかろうか。そして西田哲学において、多くの解釈家、批評家たちからいちばん見逭《みのが》されているものも──それはまさしくこの哲学者のフィロソフィーレンにおけるこの「随筆」的性格であるように思われる。(中略)西田哲学はその発想形態においては決して完結した思想体系を示しているものではなく、むしろエッセーである。エッセーであるが故に、そこには——譬喩的に言ってよいなら——仕事場の雰囲気が常に漂っている。というのは、あらゆる思想的産出の材料や道具や工程的努力そのものがそこにはむき出しにさらけ出されており、整理され終わったものではなくして、整理されてゆく過程そのものが如実にいわば「即物的」にあらわれているからである。いわゆる生の哲学ではないのに、その形而上学が生の匂いを濃厚に発散しているのは、このようないわば「手仕事」のあとが生の波状線をそのままに生々しく伝えているからであろう。西田哲学が体系であろうとしながら、一向にそれになり切らず、素人眼には、いや玄人の眼にさえ「繰り返し」と見えるものがうるさく附き纏っているのも、だが、しかしそれと共に凝結的に固まらず、いつも未完結的な、流動的な発展曲線を示していていささかも動脈硬化症に陥っていないのも、それがためであると言えよう。

（「思想の文学的形態」『林達夫著作集四　批評の弁証法』平凡社、一九七六年、九六頁。初出『思想』一九三六年五月）

林は続ける。西田哲学の文学的形態が「随筆」であるということは、その哲学を理解しようとする者に、それに照応する一定の「文学的」態度を要請する。そうした文学的スタイルを考慮せずに、どんな哲学でも一律に眺めようとする時、「見当はずれのピンぼけ」になる。完結した体系ではない西田哲学を、完結した体系として眺める時、動脈硬化に陥る。西田哲学の生きた流れを閉ざしてしまうというのである。

では、この「生きた流れ」を捉えるためには、どうしたらよいか。本書は、西田が「課題」として示した「東洋的な考へ方」に焦点を合わせる。晩年の西田がしばしば言及し、そこに自分の「考へ方」が含まれている可能性があると示した「東洋的な考へ方」、とりわけ言及することの多かった「大乗仏教」に注目する。

論文「論理と数理」の中で、西洋論理に言及し（例の通り）ヘーゲルまで説いた後に、こう語っている。

「私は（ヘーゲルよりも）却つて我々の自己そのものを対象とした仏教哲学、心の哲理と云ふものに於て、無の論理と云ふものを見出し得ると思ふ。而してそれは東洋的世界観の論理と云ふことができる。日本精神と云ふのは、その純に且つ動的なるものであろう。唯それが未だ論理的に形式化せられていない」（「論理と数理」十巻六九頁）。

この「日本精神」については、むろん慎重な検討が必要になるのだが、今注目しておきたいのは、「未だ論理的に形式化せられていない」という点である。仏教哲学の中に、東洋的世界観の論理を見出し得る。しかし、論理的に形式化されていない。

西田はこう続ける。「私の矛盾的自己同一と云ふのは、かかる論理の形式化である」（同）。

つまり、「矛盾的自己同一」は東洋的世界観の論理の形式化である。晩年の西田はそれを、様々に言い換えながら、繰り返し、文字通り「エッセー的」に、語った。エッセー的に語ることによって、「生きた流れ」を止めることなく示そうとした。

そうした「生きた流れ」の中で示された「東洋的世界観の論理」。その論理に仏教哲学の側から光を当てる。正確には、井筒俊彦の理解を介した仏教哲学の側から光を当てる。それが本書の試みである。

Ⅰ

西田哲学と「事事無礙」

――井筒俊彦の華厳哲学理解を介して

序

晩年の西田は「東洋」に言及した。そして「東洋の論理」の必要を説いた。例えば、よく知られた『日本文化の問題』（一九四〇年）の一節。「私は仏教論理には、我々の自己を対象とする論理、心の論理といふ如き萌芽があると思ふのであるが、それは唯体験と云ふ如きもの以上に発展せなかつた。それは書物の論理と云ふまでに発展せなかつた。私は先ず西洋論理と云はれるものを徹底的に研究すると共に、何処までも批判的なるを要するのである」（九巻一三頁、前出一六頁）。

あるいは、逝去の三カ月前、鈴木大拙宛の書簡（昭和二十年三月十八日付）。「般若即非《はんにゃそくひ》の論理といふのは面白いとおもひます。あれを西洋論理に対抗する様に論理的に作り上げねばなりませぬ。さうでないと東洋思想と云つても非科学的など云はれて世界的発展の力を持てない」（二十三巻三五五頁、前出一六頁）。

重要なのは、体験に留まらずに「論理的に作り上げ」るという点であり、「西洋論理に対抗する様に」という点である。大谷大学における連続講座「現実の世界の論理的構造」（一九三一年九月―十二月）の中ではより具体的に、ヘーゲルの弁証法に対抗する仕方で語っていた。「華厳とか天台とか特に華厳なんかのLogikと云ふものは余程ヘーゲルのDialektikのような意味を有つものだと思ふ」(十三巻一六八頁)。

華厳《けごん》の論理をヘーゲル弁証法に「対抗する(対比的な)」位置において理解する。ヘーゲルでは「個物」が弱い。「個物と個物とが対立すると云ふこと」がない。それを乗り越える論理として「華厳とか天台」に期待を寄せるのである。

しかし「仏教哲学の立場」をそのまま受け取るわけではない。仏教哲学は「意識的自己」の問題を深めたが、客観的存在という側面には目を向けてこなかった。対して、西洋の科学はまさにこの客観的側面に注目し、その論理を明らかにした。その代わり、「西洋の科学と云ふのは、主として環境から人間を考える。全自己と云ふものがその中に入つて居らない世界の知識である。所謂対象認識の学である」(九巻五五頁)。

つまり、一方で、西洋の科学は客観的存在の論理を解明したが「対象認識の学」に留まり、他方、東洋の思想は「意識」や「自己」の問題を深めたが客観的存在の論理を捉えていない。ということは、西田が求めたのは「西洋論理に対抗する」と同時に、東洋の「体験に依拠した伝統的思想」にも対抗する仕方で、「論理的に作り上げる」ことであった。

＊ 正確には、西田が追究したのは、「東洋とか西洋とかという文化類型学的区別が失効するような世界経験の基本構造」、あるいは「対象性の論理と非対象性の次元との生ける連関」であったという新田の指摘は重要である(新田義弘 1998, 一〇九頁、一六三頁)。

なお、こうした西田の両面戦は「日本文化」を論じる際の慎重な語りと重なっている。西田は日本の特殊性を宣揚する立場には与しない。他を排して自らの文化を宣揚するのではない。むしろ伝統の枠を越えてより広い領域に解き放つ。「西洋文化によつて東洋文化を否定することでもなく、東洋文化によつて西洋文化を否定することでもない。又その何れか一のなかに他を包み込むことでもない。却つて従来よりは一層深い大きな根柢を見出すことによつて、両者共に新しい光に照らされることである」(「日本文化の問題」九巻九一頁)。

より「深い大きな根柢」を見出すことによって東洋を脱構築し、それを通して西洋も脱構築する。「東洋文化が世界的になるには只その特殊性に止まるのでなくして、それが西洋文化に対して新しい光を与へ、そこで新たな世界文化が創造されねばならぬ」(「日本文化の問題(京都大学月曜講義)」十三巻二一頁)。西洋文化を媒介することによって東洋の伝統を活性化し、それを通して西洋文化に新しい光を与える。西田はそれを願った。

＊　この西田の願いは井筒の「東洋哲学」構想と重なる(『意識と本質』三―四頁)。なお、津田左右吉による「東洋文化」概念批判を思いだす時、「東洋」概念が「作られたものである」という批判(いわば「創造された伝統」に対する批判意識)は西田には弱かった(藤田正勝 2011, 第九章など)。

こうした問題を華厳哲学に絞って見る。後期西田哲学における「個物」と華厳哲学における「事」との対比を通して、西田の語る「東洋の論理」に触れようとする。

その際、華厳哲学を西田哲学と直接的に突き合わせるのではない。井筒俊彦の華厳哲学理解を手がかりとする。井筒の理論枠組みによって解きほぐされた華厳の「事事無礙《じじむげ》」理解を介して西田の議論と重ねる。他方、西田哲学も（当然ながら）そのすべてではない。ある時期に限定する。すなわち西田が華厳に言及し始めた時期、正確には『哲学の根本問題』（一九三三年、昭和八年）から『哲学の根本問題・続編』（一九三四年、昭和九年）へと転回してゆく、いわゆる「後期西田哲学」が開始される時期である。

こうして第I部は、井筒俊彦の華厳哲学理解に導かれ、華厳「事事無礙」の論理を後期西田哲学の「個物」の思想と重ね合わせることを通して、その時期の西田が思い描いていた「東洋の論理」を浮き彫りにしようとする試みである。

第一節　後期西田哲学と華厳思想

西田はある時期から何度か「華厳」に言及していた。例えば、先の連続講座「現実の世界の論理的構造」の中では、その時期から西田の鍵概念となった「弁証法的一般者」について、こう語っている。「この弁証法的一般者と云ふものは、即ち個物がそれに於て成立つさういう意味の一般者である。まあそういうやうに、個物が一般であるとか、一般が個物であるとか、一が即世界だとか、仏教でも天台か何かそんなようなことを考える。華厳などで言ふやうな関係でも色々のものがすべて互いに関係して居ると云ふやうな、さう云ふ世界と云ふものが考えられている」（「現実の世界の論理的構造」十三巻一九六頁）。

おそらく「事事無礙」や「縁起《えんぎ》」などが念頭にあったのだろう。数年後の講演「日本文化の問題」の中には「事事無礙」という言葉が何度も登場する。「……天台の一念三千の世界観となり、華厳の事事無礙の世界観に発展した。華厳に於ては、一即一切一切即一と云ふ」（「日本文化の問題」九巻七一頁、前出二一頁）。

興味深いことに、この場合も含めて、西田の関心は一貫して「事事無礙」に向けられていた。少なくとも「理事無礙《りじむげ》」より「事事無礙」に関心が向いていた。例えば、「日本文化の重心は理事一致よりも事理一致に、寧《む》ろ事事無礙にあると思ふ」というのである（同、九巻五七頁）。

＊　鈴木大拙は、「理事無礙法界までは西洋思想でも説かれているが、事事無礙法界は東洋思想独自の考え方」であると強調したという（鎌田茂雄 1974, 一三四頁）。西田も大拙から「事事無礙」の重要性を繰り返し聴いていたと思われる。

むろん西田が「理」と「事」との関係に関心がなかったとは思われない。それは、例えば「理」が自己限定して「事」になるという出来事を、ある時期の西田の「形而上学的体系」（『一般者の自覚的体系』〔一九三〇年〕と『無の自覚的限定』〔一九三二年〕を往相《おうそう》と還相《げんそう》とした無の形而上学的体系）と重ねてみれば明らかである。しかし、その時期の西田は華厳に言及しなかった。まして「理事無礙」という言葉を持ち出すことはなかったのである。

西田の華厳への言及は「個物」が中心課題となり始めた時期に始まり、その関心は一貫して「事事無礙」に向けられていた。

比較思想論的考察

ところで、後期西田と華厳思想との類似性については、既に多くの指摘がある。例えば、浩瀚な四冊本によって西田哲学を一つの「体系」として再構築してみせた碩学《せきがく》・末木剛博は「西田の後期思想は華厳思想ときわめて近接している」と指摘し、「もっとも西田自身は華厳の典籍をほとんど引用していない」とも付け加えている（末木剛博『西田幾多郎――その哲学体系』第四冊、四六四頁）。

末木によれば、「西田哲学の無の思想は華厳の性起説に類似したもの」であり、「無の自己限定」は華厳の「理事無礙・性起」に該当し、「個と個との矛盾の一致」は「事事無礙・相即相入」に該当する（末木剛博 2001, 一五四頁以下）。しかし、西田が自己否定を強調したのに対し、華厳は否定を強調しない（華厳が「空」の肯定的性格を強調する点については第I部第二節）。あるいは、西田が創造を強調したのに対し、華厳は静的な調和の思想である。

およそこのように対比した後に、末木は、西田が「ライプニッツの単子論」を援用した点に注目し、「西田」、「華厳」、「ライプニッツ」を「三種の単子論」として三つ巴《どもえ》に対比してみせる。興味深いのは、以下のように列挙された相違点である（末木剛博『西田幾多郎』第四冊、四六七―四七四頁）。

1　西田の単子（個物）も華厳の単子（事）も実体ではないのに対して、ライプニッツの単子（モナド）は「実体」である。2　前二者の場合、実体ではないから因果関係の中で消滅する（縁起する）のに対して、「モナド」は不生不滅である。3　前二者の場合、創造者（超越的絶対者）が存在しないが、ライプニッツの体系には「すべてのモナドを造る超越的絶対者」が存在する（モナドは神によって創造される開始点を持つが、前二者では単子の開始点は想定されない）。4　前二者の場合、個々の単子（個物・事）は独立せず相互に依存し合うが、ライプニッツの「モナド」はそれぞれ独立しており、互いに作用し合わない（モナドには窓がなく、創造神の「予定調和」によって相互に対応し合う）。
以上が西田と華厳に共通する論点であったとすれば、以下は、華厳とライプニッツが一致し、西田とは相違する点である。5　華厳の「事」もライプニッツの「モナド」も「心的なもの」とされ身体的要因を含まないが、西田の「個物」は身体的要因を強調する（「個物」は心と身体の相補的結合である）。6　前二者の単子は形成作用をもたないのに対して、西田の「個物」は世界の形成作用の一翼を担っている。7　前二者の単子は相互に対立しないのに対して、西田の体系においては「個物」と「個物」とが対立的に闘争する（この点については第四節）。8　前二者の単子には歴史的創造がないのに対して、西田の「個物」は世界の歴史的創造に参加する。

以上を整理してみれば、西田の「個物」と華厳の「事」とは、共に一切の実体性が否定され、独立自存せず、相互の依存関係の中で生じ滅する（縁起する）。しかし、華厳の「事」に対して、西田の「個物」は、身体的要因を強調し、世界の形成作用を担い、個物相互に対立し合い、世界の歴史的創造に参加することになる。

では一体、実体ではなく独立自存しない「個物」が、なぜ他の「個物」と対立するのか。そしていかにして世界の歴史的創造に参加するのか。

実体ではない「個物」の主体性

竹村牧男も西田哲学を華厳哲学（法蔵『華厳五教章』「十玄門」）と対比している（竹村牧男 2005）。その大枠は末木と同様であり、西田も華厳も共に「究極の普遍を無ないし空においてみる」点において一致しているという。ところが、華厳が「事と事」との関係を詳細に分析したのに対して、西田においてはその考察が弱い。西田は、個物と全体との関係（事と理との関係）については究明したが、〈個物と個物との関係（事と事との関係）〉については華厳と比べて弱いというのである。

しかし他方で、竹村は、西田の関心が個物の「主体性」にあったという。西田の個物は「一般者を規定し返す」。一般者によって規定された個物が、逆に一般者を規定し返す。それに対して華厳ではそうした主体性が希薄である。ということは、西田哲学は華厳から「個物と個物との関係」を学び、華厳哲学は西田から「関係の世界を規定し返す主体」を学ぶことができるのではないかというのである。

以上を整理すると、西田の「個物」は実体ではない（自性をもたない）。しかし何らかの「主体性」をもつ。「個物」は実体ではないが、独立している（井筒で言えば、「区切りは戻るが本質は戻らない」）。他方、華厳の「事」も単に受動的であるわけではない。では、華厳は「事」と「事」との関係をいかに説いたのか。

西田がどの程度、華厳の典籍に通じていたか、それは問わない。しかし「個物」を主題とした議論を深め始めた時期に、華厳（とりわけ「事事無礙」）に言及し始めたことは確かである。一体、「東洋の論理」を求めていた西田は、華厳にいかなる論理を期待したのか。まず華厳を井筒俊彦の論稿に導かれる仕方で（第二節）、次に西田の議論を「図式的説明」に焦点を当てる仕方で（第三節）、そして両者を重ね合わせる仕方で（第四節）、見てゆくことにする。

第二節　華厳の「事事無礙」——井筒俊彦の華厳哲学理解

井筒俊彦の論稿に立ち入る前に、一体「華厳」とはいかなる思想なのか。ごく簡単に確認しておく。

華厳思想は大乗経典『華厳経』に基づいて形成された思想である。『華厳経』それ自体はおよそ四世紀半ば、中央アジア（コータン周辺）で集成された。しかし、思想として花開いたのは中国（唐の時代）、長安を中心に貴族に支持され、深遠な哲学的組織を誇り、宗派として大きな勢力を持った（華厳宗）。体系化された華厳教学の緻密さは驚嘆に値し、「少なくともその論理においては、全仏教思想の頂点をなす」と評される（末木剛博 2001，一七七頁）。しかしあまりに思弁に偏したこと、時代が（禅や浄土を中心とした）実践仏教を求めたことなどによって、宗派としては、後続する禅宗に吸収される仕方で、早くに衰滅した。しかしその思想は「随唐仏教の精華」であり続け、とりわけ禅の中に生きて強く影響し続けた（鎌田茂雄 1965）。

＊　始祖は（半ば伝説的な人物）杜順《とじゅん》、第二祖は、華厳経の注釈『捜玄記《そうげんき》』で知られる智儼《ちごん》、第三祖は、華厳思想を大成した（則天武后にその思想を教授した）法蔵《ほうぞう》、第四祖は、華厳と禅の両系統を

担った澄観《ちょうかん》、第五祖は、同じく華厳の教えと禅の実践の合致に務めた宗密《しゅうみつ》。しかしその継承関係については異論が多い。日本には八世紀に招来された。『華厳経』の「毘盧遮那仏《びるしゃなぶつ》」を崇敬した聖武天皇は、東大寺に「大仏（盧舎那仏）」を建立し、全国各地に国分寺・国分尼寺を建て、華厳の精神に基づいた仏国土を発願《ほつがん》した。宗派としては日本においても大きな影響を持つことはなかったが、道元『正法眼蔵』、親鸞『教行信証』などへの影響が知られている。

代表的な教義としては、法蔵「十玄門《じゅうげんもん》」、澄観「四法界《しほっかい》」。これから詳しく見てゆく「四法界」は、始祖・杜順に源を発すると言われる（正確には、杜順『法界観門』には「四種法界」の語がなく、三種の法界を示すのみである。しかし後代の〔圭峯宗密による〕註が、その前提となる常識的世界を加えて四種と理解したことによって「四法界」の源泉とされる）。第四祖・澄観によって整えられた「四種の法界」を簡略化してみれば、以下の通りである。

一、事法界《じほっかい》（事象の世界）は、世界を差別（区別）して見る世界。個々の事象は独立し、相互に対立し合っている。個体性、差別性、実体性を見る位相、正確には、その位相に囚われている私たちの常識的な表象の位相である。

二、理法界《りほっかい》（真理の世界）は、差別（区別）がない世界。無差別同一、ということは個々の事物が独立していない。否定的に言えば、すべての事物は実体ではない（空である）。肯定的に言えば、すべての事物は他の事物に依拠している（依他的であり、「縁起」である）。

三、理事無礙法界《りじむげほっかい》（真理と事象とが融入する）は、理法界と事法界とが結びつく世界。事法界は差別の世界、理法界は無差別同一の世界、その二つの世界が別々に存在するのではなく、同時に存在する（融入する）。理は事なしには存在できない。逆に、事は理なしには存在できない。しかし、理と事とが溶け合って区別がなくなるのではなく、理と事とは対立し、対立しているからこそ相互に不可欠の条件となる。個々の事象なしに真理は存在できない。個々の事象がそのまま真理の顕れ、真理と事象とに隔てがなく互いに礙《さまた》げ合わないという位相である。

四、事事無礙法界《じじむげほっかい》（事象どうしが相互融入する）は、事物と事物とが互いに礙《さまた》げ合わない世界。理を介して、事と事とが融入する。個々の事物（個）の中に同じ理（全体）が含まれる。ということは、すべての事物が同じ内的構造を持つ。溶け合って区別がなくなるのではない。事と事とは区別され、互いに対立しながら、しかし同じ内的構造を介して、互いに対応する。互いに含み、含まれる。その意味において、理事無礙なしには、事事無礙は成り立たない。しかし理事無礙に留まっていては事事無礙にはならない。現実世界の事象がそのまま真理の顕れであるから（理と事とが無礙であるから）、もう一歩先に、ありのままの現実世界の事象と事象とが互いに礙げ合わない関係性（事と事との無礙）が見えてくるということである。

さて、以上のように説明される「四法界」において、重要なのは、この四つの位相が段階的な進歩を意味しないという点である。「四法界」は、悟りに至るまでの妄念（誤った認識）を否定してゆく論法ではない。むしろ、悟りに達した後の眼に映る世界を描きだそうとする。つまり仏の世界である。そこにおいてはすべてが真理の顕れ。否定されるものは何もない。すべてがありのままに肯定される。対立し合う双方が、実はどちらも真理の顕れとして互いに依存し合い、大きな調和をなしている。すべてが「善し」とされる世界なのである。

＊『般若経』の世界が「色《しき》」と「空《くう》」とを区別した上で、しかしその関係を「色即是空、空即是色」と解き明かしたとすれば、『華厳経』の世界は「空即是色」と語られたその「色」の内的構造を、詳細に、事法界の「事」ではない、理事無礙法界の「事」として、さらには、事事無礙法界の「事」として、解き明かしたことになる。

井筒の「理事無礙」理解

井筒もまたこの「四法界」を独自の視点から解き明かした。しかしその論稿「事事無礙・理理無礙」は（例の通り）壮大なスケールを持っている（井筒俊彦「事事無礙・理理無礙――存在解体のあと」一九八九年。以下、井筒「事事無礙」と略記する）。法蔵（六四三―七一二年）の華厳哲学とイブヌ・ル・アラビー（一一六五―一二四〇年）のイスラーム存在論とを、共に「東洋的哲学の根源的思惟（強調は原著者）」の特殊な現われとして繋ぎ、さらには「理事無礙」「事事無礙」の先に「理理無礙」にも言及するという、とうてい初学者向けではないのだが、にもかかわらず、その語りは（西洋の聴衆に向けられた講演原稿を基礎にしていたためか）東洋の思想に不慣れな者に対する配慮に満ちている。井筒自身の言葉で言えば、「古典的テクストを、一貫して、現代というこの時代の哲学的プロブレマティークへの関与性において解釈」する工夫である（Toshihiko Izutsu, "The Nexus of ontological Events: a Buddhist view of Reality." 初出は一九八〇年。以下 Nexus と略記する）。

井筒は「分節 articulation」を鍵概念として「区切りがある（分節）」と「区切りがない（無分節）」という枠組みを設定する。そして、その枠組みに即して華厳の「四法界」を解きほぐす。

「事法界」は「分節」の原理である。個々の「事」は互いに明確な境界線によって区切られ、各々の本質によって固定されることにより、互いに「凝げ合う」。井筒はこの段階の「事」を「存在論的境界線によって互いに区別された個物」と規定する（事法界の「事」と事事無礙法界の「事」とは、その働きが質的に異なる）。

それに対して「理法界」には分節がない。境界線が消え、個物と個物との境がない。したがって個々の事物として成立していない。あらゆる分節が消え、あらゆる事物相互の差別が消え去った「無分節」の位相という。

ここで井筒は、東洋の思想に不慣れな者に配慮して、華厳の哲学者たちが「理法界」を究極のリアリティと見たわけではなかった点に注意を促している。「東洋的哲人の場合」、またもとの差別の世界に戻ってくる。「一度はずしした枠をまたはめ直してみる」。この「はずして見る、はめて見る」

という「二重の見」を通じて実在の真相が初めて明らかになると考えたのである。

しかし正確には二つの段階ではない。東洋的哲人にあっては「両方が同時に起こる」。「境界線をはずして見る、それからまた、はめて見る、のではなくて、はずして見ながらはめて見る、はめて見ながらはずして見る」(「事事無礙」二〇頁)。つまり〈区切りがない〉と〈区切りがある〉を同時に見る眼において初めて、究極のリアリティが姿を見せると考えたのである。

華厳はこの存在の位相を「理事無礙」と呼んだ。境界線のない「理」と境界線のある「事」とが同時に顕れる。互いに「礙げ合わない(無礙である the interpenetration of *li* and *shin*)」。「理(無分節)」と「事(分節)」が「無礙」である。「理」と「事」とは区別されるが、しかし互いに「礙げ合わない(無礙である)」。

こうした「理事無礙」について井筒は、二点、注意を促している。一つは「無分節」が肯定的に働くという点、もう一つは「挙体性起《きょたいしょうき》」という点である。

まず、華厳の「理事無礙」は無分節の肯定的側面を強調している。確かに無分節はすべての分節を消し去り、すべての事物の独立を奪い去るという意味において否定的(破壊的・脱構築的)に働くのだが、「理事無礙」における「理」は、むしろ自己を分節することによって個々の事物(事)を生じさせてゆく。肯定的(創造的・再構築的)に働く。一度、無分節の「空」を体験した後に究極のリアリティを見通すに至った覚者の眼には、分節された個々の事物が、そのまま無分節の顕れなのである。

＊　歴史的には華厳思想より以後に生じた禅思想の方が、無分節の否定的働きを強調する。禅は華厳の「理」をその「空」的性格において受け継いだ。別の機会に論じたことがある（西平 2014）。

もう一点は、分節された個々の事物が、無分節と直結しているという点。井筒は「無分節者の全体を挙げての自己分節」と説明する。「事物一つ一つが、それぞれ無分節者の全体を挙げての自己分節である。『無』の全体がそのまま花となり鳥となる」（『意識と本質』Ⅶ、一七五頁）。

井筒は「挙体性起」ともいう。「理」は挙体的にのみ「性起」し、「事」の中に「理」がそっくりそのまま体現している。個々の「事」がそのつど「理」の存在エネルギーの全投入である。したがって「事」と「理」とは区別されるが、互いに「無礙」である。華厳は、一方で「事法界」と「理法界」との違いを強調しながら、しかし他方では「理」が何らの媒介もなく直接的に「事」になるという（「直接無媒介的自己分節」）。個々の「事」の中に「理」の全体がそのつど顕れているというのである（「事」即「理」）。

＊　理は個々の事の「外」に在る（全体に遍在する）、にもかかわらず、理は個々の事の「内」に在る。つまり、個が全体の中にあり、全体が個の中にあるという関係である。そしてそれは「理」が「空」である故に可能である。「直接無媒介的自己分節」も「挙体性起」も、「理」が「実体」であると

成り立たない。同様に西田の「媒介者M」も「無」である（本書六三頁）。

「事事無礙」

では、「事事無礙」とはどういうことか。井筒は「区切りが戻る」と説明する。一度「区切りのない位相（理）」を体験した哲人たちの眼は、しかし再び、区別のある地平に戻ってくる。ところが、区切りは戻るが、「固定した実体」は戻らない。「分節は戻るが本質は戻らない」（『意識と本質』一五一頁）。「事事無礙」の「事」は、個々別々に区切られているが、しかし本質によって縛られてはいない。

「事」には「自性《じしょう》」がない。しかし区別はある。区別（分節）は戻るが自性（本質）は戻らない。AとBとは区別されるが、しかしAもBも本質に縛られないから、「Aは無『自性』的にAであり、Bは無『自性』的にBであり、同時に他の一切のものが、それぞれ無『自性』的にそのものである」（「事事無礙」四六頁）。

すべてのものが無「自性」であるから相互の間に差異がない。ということは、すべてのものがつながっている。すべてのものが全体的関連においてのみ存在する。AがAだけで存在することはできない。BもBだけで存在することはできない。「すべてがすべてと関連し合う、そういう全体的関連性の網が先ずあって、その関係的全体構造のなかで、はじめてAはAであり、BはBであり、AとBとは個的に関係し合うということが起る」(同)。

井筒は理解を助けるために発生プロセスとして語り直す。まず、流動する存在エネルギーの錯綜する方向線だけがある。個々の事物(ABCD…)はその方向線の交叉点にできる「仮の結び目」である。したがって、個々の事物の内部構造には、それ自体において「全体的関連性の網(ネクサス) the nexus of ontological relations」が集約されている。

* 「全体的関連性の網(ネクサス)」は、英語版では a tightly structured nexus of multifariously and manifoldly interrelated ontological events. あるいは「縁起」の原語(プラティートヤ・サムットパーダ)に立ち戻って this dynamic, simultaneaus and interdependent mergence and existence of all things とも説明される(Izutsu, Nexus,p. 178)。

「『理』が『事』に自己分節するというのは、物が突然そこに出現することではなくて、第一次的には、無数の存在エネルギーの遊動的方向線が現われて、そこに複雑な相互関連の網が成立することだったのです」(同、四七頁)。

相互関連の網(ネクサス)の交点に個物が成立する、というより、個物の内的構造の中に「他の一切のものが、隠れた形で、残りなく含まれている」。

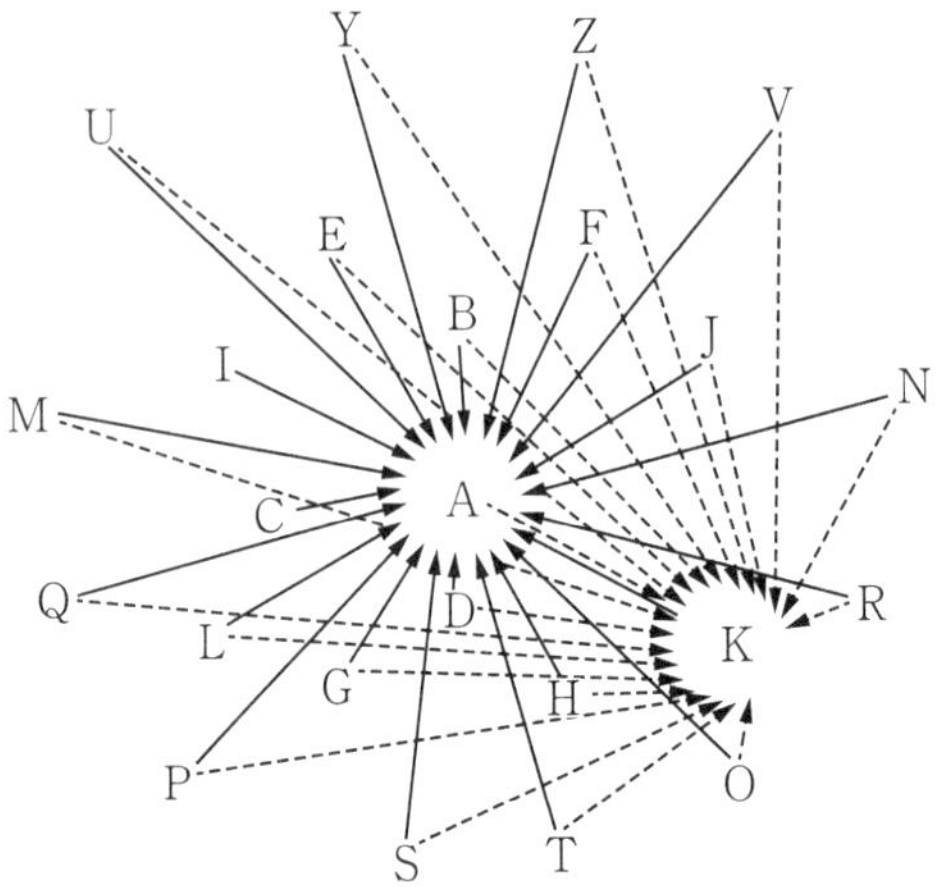

図１　全体的関連性の網（ネクサス）（「事事無礙」48頁）

＊第Ｉ部第四節でみる「同体」の論理である。そして西田の用語で言い換えると、「物理の世界」（十巻八頁）の記述になる（第Ｉ部結び、七七頁）。

「ある一物の現起は、すなわち、一切万法の現起。ある特定のものが、それだけで個的に現起するということは、絶対にあり得ない。常にすべての物が、同時に、全体的に現起する」（「事事無礙」四九頁）。華厳は「縁起」と呼ぶ。

なお、井筒はこの「図」が「いわば共時的《サンクロニック》な構造」であって、「ある一瞬」を捉えた図式化に過ぎないと付け加えている。「この存在関連においては、ＡＢＣ…などの内の、ただ一つが動いても、もうそれだけで全体の構造が変わってくるわけでして、従って、一瞬一瞬に違う形が現成《げんじょう》する」。つまり

「通時的《ディアクロニック》な構造」を補ってみる必要がある。ということは、この図は一挙に流体化する。すべてがすべてと関わり合う連動性が、時々刻々とその構造を変えてゆく。というより話は逆であって、そもそもそうした（図式化には馴染まない）流動的な連動性を、井筒は「ある一瞬」に区切って図式化してみせたということなのである。

＊　この点は西田の「一般者A」を考える際に重要である。「一般者A」はこの「網（ネクサス）」を有限な一つの全体とした姿と理解される。詳細は、本書第I部第四節。

井筒の「事事無礙」理解に対する批判について

さて、以上のような井筒の見解に対する批判も見ておく。山田史生『混沌への視座――哲学としての華厳仏教』（山田史生 1999）は華厳のテクストを杜順、法蔵、智儼と読み解き、その思想をシステム論的に読み直す労作であるのだが、その中で二点、井筒の理解を批判している。

ひとつは「相入」概念について。井筒の理解では「事と事の間の奪い合い」が説明できないという。井筒が「主伴の論理」として示したのは、「事A」「事B」「事C」という「容れ物」がそれぞれ同じ「中身 abc…」を持つが、aが有力（b,c,d,e…が無力）であればAとなり、bが有力（a,c,d,e…

が無力）であればBとなること。つまりひとつの「事」の内部の抗争に過ぎない。

それでは「事と事」の争いが見えない。「事A」と「事B」とが熾烈に争う場面。「A」が有力である時、「B」は無力になる。正確には「A」が全有力である時、すべての「非A」は完全に無力になる。中途半端な妥協はない。全か無か、喰うか喰われるか。つまり一方が他方に屈服し、他方の支配下に入るという「相入《そうにゅう》」の関係（「奪い合う」関係）を、井筒は見落としているというのである（西田で言えば、「個物は個物に対して初めて個物である」という時の「個物」相互の対立関係が見えないという批判である）。

後に見る法蔵の用語で言えば、「同体」とは区別された「異体」の論理が弱いということである（本書六九頁）。確かに井筒論文はすべての「事」が同じ中身（a,b,c,d,e…）を持つと示すことによって、すべての「事」が融入し合う「同体」の論理を強調した。しかし実は、法蔵は「奪い合う」関係すらも「同体」の論理で解き明かしている。ということは、井筒の理解が「異体」の側面を見落としていると批判するなら、同じだけ「同体」の論理も徹底していないと批判する必要がある。というより井筒は、法蔵の議論のすべてを万遍なく紹介する目的を持たなかったから、「欠けた部分」を指摘しても創造的な批判にはならないように思われる。

もう一点は「事」について。「理事無礙」における「事」と「事事無礙」における「事」との位相の違いを井筒が明示していないという点である。井筒は「性起」と「縁起」とを、異なる視点から見た同一事態と語った。「同じ一つの存在論的事態を、『性起』は『理事無礙』的側面から、『縁起』

は『事事無礙』的側面から、眺めるというだけの違いです」(『事事無礙』五〇頁)。しかし、実は両者の間には「論理の飛躍」がある。

「理事無礙」における「事」は独立が弱い。「理」によって媒介されるという点が強調されるため、個々の「事」の独立は背景に沈み、「事」は「理」の必然として動く。極論すれば、「事」は「理」の分身にとどまることになる。

それに対して、「事事無礙」の「事」は、独立が強調される。「事」は「理」の分身ではない。「理」の自己限定として相互に調和しているだけではない。「事事無礙」における「事」はそれぞれ独立し、互いに「奪い合う」こともある。そうした「事」の働きを井筒は示さなかった。「理事無礙」の「事」と「事事無礙」の「事」との違いが十分に示されていないというのである。

しかし、それは井筒論文の展開の中ではやむを得ないことではないか。その論稿は二部構成を取り、「第一部では華厳の『理事無礙』→『事事無礙』的構造を、第二部ではイブヌ・ル・アラビーの『理理無礙』→『事事無礙』的構造を考察してみる」(同、七頁)という大きな構図であったから、「事」をめぐるすべての問題を扱うことはできない。

＊ 井筒はイスラーム哲学(イブヌ・ル・アラビーの「存在一性論」)に即して「理理無礙」を語る。「理」が「事」になる「性起」以前に、構造的に先行する仕方で、「神自体の内部で」、自己顕現が生じている。つまり「理」の中で既に「(第一次)性起」が生じている。「理」の内に「無分節的な理(絶

対的一性・神名アッラー)」と「分節的な理(個別的な理・存在深層における『元型』・多様な神の名)」という二つのレベルの階層構造が想定され、前者から後者が自己分節的に現成するというのである。そして前者から生じた後者(個々別々の「理」)は前者と無礙であるゆえに「理理無礙」といわれる。なお、華厳思想における「理理無礙」については、例えば、義湘の説を中心に議論がある(石井公成1996,「3—4 理理相即説の形成」など)。

のみならず、もし「理事無礙」の「事」と「事事無礙」の「事」とは違うとだけ強調するなら、それもまた事柄の半面にすぎない。「事事無礙」の「事」は「理事無礙」の「事」を踏まえた上で初めて成り立つ。その意味ではやはり「同じ一つの存在論的事態」を異なる側面から眺める違いと理解した上で、しかし「理事無礙」の「事」と「事事無礙」の「事」との位相の違いを丁寧に理解すべきことになる。

華厳の「理」と「事」とは決して一致しない。一致しないから「無礙」である。「無礙」とは互いに独立しつつ、しかし互いに融入し合うことである。「西田哲学の言葉を借りれば、理と事とは絶対矛盾的自己同一の関係にあると言える。……理と事とは絶対的に対立しているからこそ、かえって自己同一、すなわち相即が成り立ちうるのである」(鎌田茂雄1974,一一八頁)。

第三節　後期西田の「個物E」「一般者A」「媒介者M」――図式的説明を手がかりとして

さて、西田がこうした「華厳」に言及し始めた時期は、いわゆる「後期」への移行の時期と重なっていた。むろんその時期区分については議論が分かれるのだが、いくつの時期に区分するにせよ、『哲学の根本問題』の時期に何らかの転回が生じたという点については大方の意見が一致する。正確には、『哲学の根本問題』（一九三三年、昭和八年）と『哲学の根本問題・続編』（一九三四年、昭和九年）の間に何らかの転回を認めることが多いのである。

＊　時期区分をめぐる議論については、末木剛博『西田幾多郎』第一冊、六頁以下に詳しい。末木自身は三区分説を取り「第三期（後期）」を『哲学の根本問題・続編』以降とする。

むろんそれは『哲学の根本問題・続編』「序」における、西田自身の回想的な物言いの故である。「前書の『私と世界』に於ては尚自己から世界を見るといふ立場が主となつていたと思ふ。従つて客観的限定といふものを明にするのが不十分であつた」（六巻一五九頁）。

論文「私と世界」（『哲学の根本問題』所収）は「自己の側から世界を見る」立場が主であったため、

「客観的限定」が弱かった。しかし、我々は「社会的・歴史的に」限定されている。「自由なる自己」の世界と云っても、何処までも一般的限定を離れたものではない。我々の個人的自己といふものも、単に個人的自己として考へられるのではなく、社会的・歴史的に限定せられたものとして、有ると考へられるのである」(「私と世界」六巻二四八頁)。

「我々の如何ともすることのできない事実」(「知識の客観性について」九巻三八一頁)。そうした「客観的限定」の事実を十分に理論の中に位置づけることができなかった。そこで西田は「個別的限定」と「客観的限定(図式的説明では「一般的限定」)」とを対等な比重で論じ得る理論枠組みへと向かう。そして「弁証法的一般者」に至ったのである。

ところで、まさにその時期、西田は「E」「A」「M」などの記号を用いた「図式的説明」を試み始めている。「E」は「個物 Einzelnes」、「A」は「一般 Allgemeines」、「M」は「媒介者 Medium」。以下見てゆくように、対立する「個物E」と「一般者A」とが「媒介者(弁証法的一般者)M」を介して結び合うという図式である。

西田が「華厳」に言及し始めた時期は、その哲学が大きく転回した時期であると同時にE・A・Mの図式的説明が開始された時期でもあった。しばらくこの「図式的説明」に立ち入ってみることにする。

＊　この転回にどの程度「群論」が影響を与えたのか。「数学の哲学的基礎付け」に登場する「群の四

条件」など詳細な検討を要する（末木剛博『西田幾多郎』第三冊。大橋良介 1995, 第二章。小林敏明 2003, 第十三章など）。なお、西田自身は、「符号や図式は理解を助ける為に用いたのであつて、何処までもそれに拘泥すべきではない」（『哲学論文集　第一』「序」7-4）と言いつつ、しかし何度も図式化を試みている。E・A・Mの「図式的説明」に関する最も明快な（同時に最もスリリングな）読解は、末木剛博「西田哲学の論理」（一九八一年）であると思われる。

EとAとがMを介して結合する

『哲学の根本問題・続編』「序」は一つの「式」を提示した（図2）。「Mは個物と個物との媒介者、Eは個物、Aは一般」である（『哲学の根本問題・続編』「序」六巻一六七頁）。

さらに続けて、「$e_1, e_2, e_3, e_4, e_5, \ldots$を個物的限定としてEとすれば」という但し書きの下に、もう一つ別の図（式）が提示される（図3）。

Eが「個物的限定」、Aが「一般的限定」。E（個物的限定）とA（一般的限定）とが「媒介者M」によって媒介される、あるいは、Mから見る時、同じ一つの根本的事実の両面と理解される。

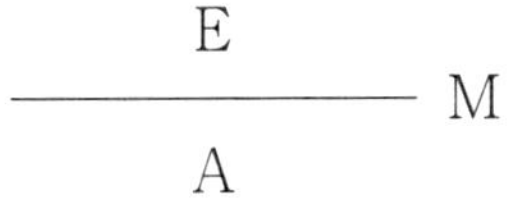

図２

＊　Mは「個別的限定即一般的限定、一般的限定即個別的限定」である（例えば、「弁証法的一般者としての世界」六巻二四三頁）。あるいは、EもAも共に「Mの自己限定」である（例えば、同、六巻三一八頁）。

$$\frac{e_1,\ e_2,\ e_3\cdots}{A}\ M$$

図3

重要なのは「個物 e,e,e…」と「一般者A」とが対立するという点である。その対立が最も鮮明になる場面として西田が念頭に置いていたのは、「個人の自己」と「その個人の属する共同体（時代・民族・社会）」との関係である。

歴史的現実においては、「個々の自己 e,e,e…」は「一般者A（歴史的世界）」によって規定されている。個人の自由（個物的限定）だけを一方的に強調することはできない。個人は自己自身を規定すると同時に、「一般者A（特定の時代・民族・社会）」によって歴史的に制約されている。あるいは、個人と個人とは「一般者A」の中で出会う。個人はその制約を受けると同時に、その制約が出会いの文脈を構成する。「我々はいつも歴史的に限定せられ、或時或場所に生まれる、限定せられた世界に生まれる。……我々の前にはいつも歴史的に構成せられた一般者がある。我々はその個物的限定として、それを否定すると共に肯定し行くのである」（「弁証法的一般者としての世界」六巻三二一頁）。

しかし、「自己 e,e,e…」は「一般者A」から一方的に規定されるだけではない。むしろ自己は「一般者A（歴史的世界）」を規定し返す。世界と対決し、世界を内側から食い破る仕方で、新たな世界を創造しようとする。同じことを「一般者A（歴史的世界）」の側から言い換えれば、歴史的世界は、世界を否定する「個物E」を自らの内に含んでいる。しかし、まさにその「自己E」が（数年後の言葉で言えば）世界の「創造的要素」である（「論理と生命」八巻四七頁）。ということは、「自己E」によって「一般者A」が否定されるとは、歴史的世界自身が、自らの内に含む矛盾によって世界自身を否定してゆくということである。

こうして図式は、『哲学の根本問題・続編』「序」が課題とした「客観的限定」を記号「A」として（「一般的限定」あるいは「客観」、「多から一へ」として）、「記号E（個物的限定、主観、一から多へ）」と拮抗する位置に組み入れたのである。

＊　後期西田における「一・多」の用語法には揺れがあり、「全体的な整合的解釈は諦める」という見解を含め、この時期の基礎概念については、前掲末木剛博『西田幾多郎』（第三冊、二一六頁以下）に負う。

「媒介者M」の二つの機能

ところで、この「図式」については、興味深い書簡が残されている。『哲学の根本問題・続編』

の校正にあたり、論文「弁証法的一般者としての世界」に挿入する図をめぐって、「原稿の時大分迷うたのでしたが」、結局、図Ⅰではなく図Ⅱに変更するよう指示した、昭和九年九月九日付小松摂郎宛の書簡である（二十一巻二五三頁。杉本耕一 2013, 一〇四頁）。

「図Ⅰ」（図4）にはAがない。「図Ⅱ」（図5）ではMとAが区別されている。図Ⅰは「媒介者M（弁証法的一般者）」が直接に「無数の個物 e_1, e_2, e_3…」を媒介する（「理事無礙」に相当する）のに対して、図Ⅱでは「無数の個物 e_1, e_2, e_3…」と「一般者A」が互いに拮抗し、その両者を「媒介者M」が繋いでいる（華厳には「一般者A」の発想がない）。

図Ⅱが語るのは、まず無数の「個物 e_1, e_2, e_3…」が「一般者A」によって制約されているという被制約性である。図Ⅰはこの被制約性を示していなかったのである。

加えて、図Ⅱが語るのは、対立する「個物 e_1, e_2, e_3…」と「一般者A」とが「媒介者M（弁証法的一般者）」を介して関わり合うということ。「個物 e_1, e_2, e_3…」は「一般者A」と対立する、にもかかわらず、Mを介して矛盾的に結び合う。「媒介者M（弁証法的一般者）」を介して「弁証法的に結合する」のである。

＊　「個物e」と「一般者A」の関係は、E・H・エリクソンの「心理社会的アイデンティティ」概念と重なる。「アイデンティティ」は西田で言えば、「媒介者M」の機能を内に含んだダイナミズムである。エリクソンの重要な概念 beyond identity も含め、アイデンティティ概念を西田の用語で

書簡・図Ⅰ

$$\frac{e_1,\ e_2,\ e_3\cdots}{M}$$

図4

書簡・図Ⅱ（図3に同じ）

$$\frac{e_1,\ e_2,\ e_3\cdots}{A}\ M$$

図5

読み拓く仕事は興味深い課題である。なお、西田の「絶対矛盾的自己同一」は、英訳される場合、the identity of absolute contradiction あるいは、absolutely contradictory self-identity となる。

実は、あたかもこの図Ⅰと図Ⅱの相違と対応するかのように、末木剛博が「媒介者M」の機能を二通りに区別していた。Mは一方で「個物と個物との媒介者」であり、他方で「一般的限定と個物的限定とを媒介する機能」をもつ（末木剛博『西田幾多郎』第三冊、五〇頁）。

まず「媒介者M」は「個物と個物との媒介者」である。「個物」は「M」の要素（m, m, m…）である（mは歴史的現実における一回限りの出来事。個物の自己決定eと一般者Aによる具体的な制約Aとが嚙み合うことによって生じる出来事である）。

「M」と「要素（m, m, m…）」との関係は「場所」と「於てあるもの」との関係である。その時、「集合Mをいかに制限しても要素mになることはなく、逆に、要素mをいくら拡大しても集合Mになることはない。集合Mと要素mとは、相互に超越し合っている」（同、五三頁）。

つまり「媒介者M」は個物の総和ではなく、逆に個物は「媒介者M」の一部分ではない。むしろ「媒介者M」は「個物」の独立を保証する。しかし単に独立を保証するだけではなく、「一般者A」を通して、個物を制約する。

それがMの第二の機能である。「媒介者M」は個物を制約する側面（一般的限定A）と、自らを否定して個物を保証する側面（個物的限定E）とを持つ。その関連を西田は、「EとAとはMの肯定面と否定面となる」と説明する（六巻一六七頁）。この「肯定－否定」は、あくまで個物の側から見た判断基準である。「個別的限定E」は、個物の側から言えば、個物の自己決定を肯定してくれるMの側面（「E＝$+\sqrt{M}$」と記号化され、「Eは世界Mのプラスの限定である」と読む）。それに対して「一般的限定A」は、個物の側から言えば、個物の自己決定を制約するMの側面（「A＝$-\sqrt{M}$」と記号化され、「Aは世界Mのマイナスの限定である」と読む）ということである（同）。

さて、こうして見ると　書簡に残された二つの図式は、二つとも残されていた方が読者の理解を助けたように思われる。Mの異なる二つの機能を目に見える形で示すことになったからである。しかし西田は（迷った末に校正の段階で）「図式5（書簡図式II）」に絞った。EとAとを媒介する機能（第二の機能）を優先したということである。確かに「図4（書簡図式I）」は「絶対無の自覚」にも通用するから、この時期の西田としては、むしろ「一般者A」を強調する図式を残す必要があったのだろう。しかし当然、「図4（書簡・図I）」の機能が消えたわけではなかった。「媒介者M」と「個物e,e,e…」との直接的な関係（第一の機能）も繰り返し語られる重要な論点であり続けたのである。

さて、あらためて「媒介者M」はいかなる機能をもつのか。

「媒介者Mは、それが個物と個物とを媒介すると考へられる限り、非連続の連続といふ意味を有つたものでなければならない、個物に対し絶対の否定たると共に絶対の肯定の意味を有つていなければならない、無なると共に有の意味を有つていなければならない」（「弁証法的一般者としての世界」六巻二四三頁）。

「非連続の連続」、あるいは「無なると共に有の意味」。『哲学論文集』の時期になると、こうした機能が「絶対矛盾的自己同一」と語られる（例えば、「哲学論文集、第三」「図式的説明」八巻四九九頁）。「絶対矛盾的自己同一」は有と無とを兼ねる。そして有と無とを兼ねることを西田は「絶対無」と呼ぶ。例えば、「現実の世界」について語られた重要な一節。「現実にあるものはどこまでも決定せられたものとして有りながら、それは又何処までも作られたものとして変じ行くものであり、亡び行くものである、有即無といふことができる。故に之を絶対無の世界と云（ふ）」（「絶対矛盾的自己同一」八巻三六八頁）。

「有即無」である故に「絶対無」である。絶対無は「有」を生じさせることによって初めて絶対無である。ということは、自己自身の中に否定を含み、自己の存立は自己を否定するものに依拠している。西田は否定の契機を強調する仕方で「媒介する」という出来事を語ったのである。

＊ 末木はMの特性を七点挙げている。「包括的全体」、「自己写像」、「絶対的一者」、「絶対矛盾的自己同一」、「絶対無」、「相補性」、「絶対現在（永遠の今）」（末木『西田幾多郎』第三冊、五〇頁以下）。

こうして西田は、「E（e, e, e…）」、「A」、「M」という記号を用いて「図式的説明」を試みた。西田は「無の一般者」という（『哲学の根本問題・続編』「序」六巻一五九頁、「弁証法的一般者としての世界」六巻二四九頁）。「無の一般者」において初めて「個物」と「一般者A」とを媒介することができ、あるいは対立する「個物」どうしを媒介することが可能になる。「個物」の視点から言い換えれば、「個物E」は（書簡に描かれた二つの図に対応する仕方で）、一方では「媒介者（無の一般者）M」によって直接媒介される。その媒介は「個物E」にとって制約ではない。Mは無であることによって、個物を個物として保証する。むしろ（もとをただせば）Mの自己限定によって個物が成り立ったのであり、のみならず、「無の一般者M」は自己の存在のために、自己を否定する「有」である個物を必要としたのである。

ところが他方で「個物E」は「一般者A」によって制約される。「一般者A」は「個物E」がそこに属する「有」の世界（特定の範囲を持った一般者）である。「個物E」はこの「一般者A」の制約の中に生じ、常にそこから制約を受ける。しかし、「媒介者M」が両者を媒介する時、「一般者A」

から制約されるだけではない、逆に「個物E」が「一般者A」に影響を与える。「個物E」と「一般者A」とが双方向的に影響し合う。個物は全体から規定され、しかし個物は全体を規定し返す。「媒介者M」はそうした柔軟な双方向関係を可能にするのである。

＊『日本文化の問題』（全集第九巻）は、この「媒介者M」の位置に「皇室」を置く。国民が「個物E」、その時々の政治権力が「一般者A」。皇室が「その矛盾的自己同一の場所」であり、「媒介者M」である。「我国の歴史に於て皇室は何処までも無の有であった、矛盾的自己同一であった」（九巻四九頁）。皇室は「無の有」であるから歴史の主体ではない。政権（一般者A）がいかに代われども、「如何なる時代に於ても、社会の背後に皇室があった」。皇室が「国民」と「時々の政権」とを媒介するというのである。こうした歴史認識を「図式的説明」の論理と照らし合わせて検討する作業、あるいは、その論理とは別に西田にこうした歴史認識を語らせた時代状況、もしくは西田の皇室観、皇室と宗教との関係など、すべて今後の課題とせざるを得ない。小林敏明「西田幾多郎『日本文化の問題』」（『ナショナリズムの名著五〇』平凡社、二〇〇二年）、末木文美士「〈東洋的〉なるものの構築――戦時下京都学派における東洋と日本」（『岩波講座・宗教4』岩波書店、二〇〇四年）など。

第四節　弁証法的一般者としての世界――後期西田の「個物」と華厳の「同体の論理」

さて、以上のような後期西田の議論は、華厳の議論とどのように重なり合うのか。西田が華厳に言及し始めた時期の重要な論文「弁証法的一般者としての世界」（一九三四年）を辿りながら、あらためて、両者を対応させてみることにする。

＊

『哲学の根本問題・続編』「序」（全集第六巻）によると、「私は此書の第二編『弁証法的一般者としての世界』に於て、更に私の考の根本形式を明にし、それによつて種々なる問題に対する私の考を総合統一しようと努めた」。そして、「個物と個物との媒介者Mといふものが場所とか弁証法的一般者とかいふものであり」と明確に規定している。「媒介者M」が「場所」であり、「弁証法的一般者」である。

問題の焦点は「個物」である。西田は繰り返し、「個物は自己自身を限定する」という点から出発する（同、六巻二三九頁）。人間の「自己」を最たる例として、個物は自由に自己を決定する。この点を西田が手放したことはなかった。しかし、その点のみを強調したわけではない。むしろ「個物は自己自身を限定する」という点を徹底したのは、「絶対無の自覚」（『一般者の自覚的体系』全集第四巻）の立場である。「絶対無の自覚」においては、個物が「一般的なものを限定」し、「対象的なるものを包む」と考えられた。

それに対して、後期西田哲学は、それでは「客観的限定」が弱いと見た。私たちが行為する世界は客観的に存在し、私たちを制約する。その側面を「一般者A」として、「個物e」との緊張関係の中に位置づけたのである。そしてその時期に西田は華厳に言及した。例えば、「華厳とか天台とか特に華厳なんかの Logik と云ふものは余程ヘーゲルの Dialektik のような意味を有つものだと思ふ」と期待したのである（前出、「現実の世界の論理的構造」十三巻一六八頁）。

しかし、もし実際に当時の西田が華厳の典籍（例えば、法蔵の『五教章』）を読み進めていたら、おそらく物足りなく感じたはずである。なぜなら、そこには「一般者A」がなく、「個物 e, e, e …」と「一般者A」とを媒介する論理が登場しないからである。確かに華厳のテクストに「絶対無の自覚」の構図を読み、「個物が個物に対する」関係を見て共感することはありえたとしても、まさにその時期の西田が求めていた課題は出てこない。個物が「一般者A」に制約される。にもかかわらず、個物は個物として独立し続けるという事態に対応した論理は、華厳の地平には出てこないのである。

華厳の地平には「一般者A」がない。華厳の描く「仏の世界」には「有限な一般者（限定せられた場所）」がない。特定の時代や特定の民族・社会によって制約されるということは想定されていなかった。華厳が語ったのはもっぱら「媒介者M」の第一の機能、すなわち「個々の事e,e,e…」と「理M」との直接的な関係（性起）である。そして同時に、そうした「事e」と「事e」との関係（縁起）であった。

「同体」の論理

では、西田はこの「事e」と「事e」との関係をどう語ったのか。西田も「個物は個物に対する」という（「弁証法的一般者としての世界」六巻二三九頁）。「個物e」は「他の個物e」に対することによって個物である。「本当の個物と云ふものは、まつたく自分と独立の、他の個物に対することによつて個物である。……他と必ず関係しなければならぬ。他と関係すると云ふことは自分で自分を否定すると云ふこと、他との関係に於て成り立つ」（「現実の世界の論理的構造」十三巻一九二頁）。

しかし、こうした直接的な二つの個物の関係は、実は「一つのものの自己限定」と違わない（「弁証法的一般者としての世界」六巻二四四頁）。それだけでは、客観的に存在し、私たちを制約する世界（「一般者A」）を十分に位置づけることができない。そこで西田は「彼」を考える。「真の弁証法的限定といふべきものは、少なくとも三つのものの相互限定から考へられねばならない」（同、六巻二四六頁）。しかもこの「彼」は無数に想定されるから、「三つのものの相互限定」は、正確には、直接的なつながりを持たない無数の彼との関係である。無数の「彼」と限定し合うことになる。

こうした無数の「彼」が限定し合う関係を、華厳は「事事無礙」として豊かに展開した。華厳は「事」と「事」とを、一方では、深い繋がりにおいて見る。互いに融入し合っている。むしろ「全体的関連性の網（ネクサス）」がまずあって、そのつながりの「仮の結び目」にひとつひとつの「事」が生じたのであれば、そもそも「事」の内部構造の中に他の「事」とのつながりが含まれている。にもかかわらず、他方で「事」は「事」と争う。相互否定的に奪い合う。喰うか喰われるか（「全有力」か「全無力」か）、「事」と「事」とが熾烈に争い合う。

華厳第三祖・法蔵は、前者を「同体」と呼び、後者を「異体」と名づけ、二つの異なる論理として解き明かした（『五教章』「義理分斉、十玄縁起無礙法門義」。鎌田茂雄『華厳五教章』大蔵出版、仏典講座二八、一九七九年、二四九頁以下）。まず「異体」において個物と個物とは、互いに独立したものとして関係し合う。対立とは限らないが、XとYは互いに異なるものとして関係する。「事」の独立性を強調する論理である。

それに対して「同体」は、ひとつの個物の内に、万物が内包される関係を見る。「個物X」を中心に「他の一切のもの（非Xすべて）」を見る時、個物Xの中に他の一切のものが含まれている。したがって個物と万物とは「同体」となる。「事」と「事」との区別は薄れ、個々の「事」の独立は弱くなる。

＊　この際、「自らも含めた万物」か、それとも「自らを含めない他の一切のもの」か。「自らも含め

た万物」を自らの内に包摂する時、初めて、Xの中に「XとYとの関係」が成り立つ。鈴木大拙はこの違いを異なる数式（記号式）で紹介している（鈴木大拙全集、第七巻二八〇頁以下）。

しかも法蔵は「相即」と「相入」とを区別する。「相即」が「実体と実体との関係」であるのに対して、「相入」は「力の作用」どうしの関係である。正確には、「異体」の論理も「同体」の論理もそれぞれ「相即」と「相入」という二つの位相に区別されるから、四区分になる。しかし、とりわけ「異体」の論理を「相即」の位相で見る視点（個別性の強い論理をもって実体と実体との関係を見る視点）と、「同体」の論理を「相入」の位相で見る（個別性の弱い論理で力の作用どうしの関係を見る視点）との対比が際立つことになる。

興味深いのは「同体」の論理による「奪い合い」の理解である。個物と個物とが、喰うか喰われるか、熾烈に争う。その関係を「同体」の論理は、個物（全有力）が他の一切のもの（全無力）を自らの内に含んでしまうと説く。或る個物Xが有力になる時、それ以外の一切のものは無力となって、Xの内に含まれてしまう。

しかし、吸収されてしまうのではない。華厳は、喰った者の中に、他の一切のものを、隠れた形で見る。喰われてしまった他の一切のものが、喰った者の中に、可能性として残っているというのである。確かに現時点においては、Xが喰う側（有力）であり、非Xは喰われる側（無力）である。しかし、「非X」は可能性としてXの内に含まれている。「非現実（無力）」が「現実（有力）」の内ある個物）を、非現実（現在無力である個物）を育む母胎と理解することもできる。喰われた側（現在無力であるすべての個物）は、確かに現時点では無力であるのだが、喰う側（現在有力である個物）の内に含まれていることによって、次に事態が変化する機会に、自らが有力になる可能性を育んでいる。

Xが Yを喰う時、表面的に見れば Yは消えるが、華厳の眼で見れば、Xという現実の中に Yが可能性として生きている。しかもこの Yは「他の一切のもの」であるから、X（全有力）は「他の一切のもの（全無力）」を自らの内に含んでいる。「ただ一つのものの存在にも、全宇宙が参与する」ということになる。

西田が「個物は個物に対する」と語った時、華厳で言えば「異体」の論理を前提にしていた。独立した個物どうしの関係。ところが同じ事態を「同体」の論理で見る時、「個物は個物に対する」とは、個物Xは個物Yに対しながら、XもYも構成要素を同じくするという意味において、深い繋がり合いを示すことになる。

個物Xが個物Yに対することによって初めて個物であるとは、「Xは他の一切を無力とし自らの内に含むことによつて初めて有力となる」という意味になる。個物Xと個物Yとは内部構造が同じである。共に同じ構成要素から成り立っている。「全体的関連性」とは、この「共有される内部構造」と別ではない。

西田はこの「全体的関連性＝内部構造」を「媒介者M」と語ったことになる。

ところが西田は「媒介する」という点を強調した。「関係」が成り立つためには何らか媒介するものが必要である。「互いに独立的なるものが相関係すると云ふには、その間に媒介者といふものが考へられねばならない」（「弁証法的一般者としての世界」六巻二四〇頁）。

そこに「媒介者M」が要請されてくる（「互いに相独立すると考へられる個物と個物との媒介者M」六巻二四二頁）。「無数の彼」も「私」もそこに「於てある」場所。この「場所」を、西田は「弁証法的一般者」と呼ぶ。あらゆる個物はこの「弁証法的一般者としての世界」において存在する。同じ「世界」に「於てある」。もしくは、あらゆる個物は「弁証法的一般者としての世界」の媒介によって相互に働き合うというのである。

ところが、見てきた通り、「媒介者M」の二つの機能が入り混じって語られる。一方で「媒介者M」は「個物と個物とを媒介する」（第一の機能、図4＝書簡・図I）。他方で「媒介者M」は「個物（個物的限定E）」と「一般者（一般的限定A）」とを媒介する（第二の機能、図5＝書簡・図II）。どちらか一つではない、その両方の機能を西田は強調した。

では、華厳の議論とはどう関連するのか。「理事無礙」は「事」の中に「理」がそのまま顕れていると説いた。したがって「媒介者M」が「個物と個物とを媒介する」、「図4＝書簡・図I」に相当する（第一の機能）。ある時期の西田（『一般者の自覚的体系』〔一九三〇年〕と『無の自覚的限定』〔一九三二年〕の時期）の用語法で言えば、「絶対無の場所」の自覚的限定である。個々の事物は絶対無の自己限定であるから、個々の事物の中に絶対無がそのまま顕れている。しいて図と対応させるなら「図4＝書簡・図Ⅰ」に相当する。しかし「図4」は、個物の中に「無の一般者M」が顕れるだけでなく、「個物と個物とを媒介するのが媒介者M」という理解である。

つまり、後期西田哲学においては、個物と個物とがそこに「於てある」場所が「媒介者M」である。「媒介者M」が独立した個物と個物とを媒介する。華厳で言えば、「事事無礙」における「事」と「事」との無礙（相互融入）が「媒介者M」の機能である。その意味で「媒介者M」は「理事無礙を踏まえた事事無礙」を語っていたことになる。

しかし西田は「個物と個物との関係」については、法蔵が語ってみせたほどには、語らなかった。西田の関心はむしろ「一般者A」に向けられていた。「個物」が「社会的・歴史的に限定せられたもの」として存在するという側面を議論に組み入れようとしたのである。

では、華厳の世界の中に「一般者A」を組み込むことはできないか。

ここであらためて井筒の描いた「全体的関連性の網」（図1）を思い起こす（本書五〇頁）。その「網（ネクサス）」は無限に広がっていた。しかし、その「全体的関連性の網」を「限定された範囲」に区切り、一つのまとまりとして見る時、「有限な一般者」となる。ある特殊な限界を持った「一般者A」であり、特定の共同体である。

＊　この「一般者Ａ」は、より広い視野から見れば、他の「一般者Ａ」との間で相互に影響し合っている。例えば、「一般者Ａ」はしばしば自らを全体化しようと他を排除し、あるいは自らの内に相手を併合（回収）しようとする。つまり上位の「一般者」からみる時、この「一般者」どうしの関係は「個物」と「個物」との相互関係と同じ構造を持つ。

「一般者Ａ」は有限である。有限な全体的関連性の網である。「同体」の論理で言えば、或る「事Ｘ」が現実に存在する時、「その他の一切（非Ｘ）」が、Ｘの内に含まれている。その「非Ｘ」は有限である。

＊　「全体的関連性の網」を重層的に考えることもできる。一方ではマクロな方向に広がり、他方ではミクロな方向に絞られてゆき、それぞれが立体的に重なり合いながら、しかし、そのすべてがそれぞれの内に「全体的関連性」を持つ。西田の「一般者Ａ」は、このように立体的に理解された「事事無礙」の或る一断面（有限な構成要素からなる特定の範囲）を言い当てていたことになる。

「一般者Ａ」はそうした有限な全体的関連性を、ひとつの「全体」と捉える。全体は「個物の総和」ではない。有限な全体的関連性は構成要素の総和ではなく、それ自身ひとつの独立した「全体」として、個々の個物を制約する。しかし同時に個物によって影響され規定される。そうした「個物」と「全体」との関係を、西田は「媒介者M」の機能（第二の機能）として解きほぐしてみせたことになる。

結び

「従来の哲理は理から事を見た。私は今、事から理を見ようと思ふ。我々は事そのものの立場と云ふものを考へてみなければならない」(「知識の客観性について」九巻三八一頁)。『哲学論文集・第五』に収められた論文「知識の客観性について」(一九四三年)の中で唐突に語られた一節。「華厳」という文字はない。あるいは該当するパラグラフの主題が「事実」、「出来事」であることを思えば、そのパラグラフの冒頭「歴史の世界は先ず徹底的に事の世界、出来事の世界でなければならない」の「事」は「こと」であって、華厳の「事《じ》」と理解することはできない。にもかかわらず、先の一文が華厳の「理」と「事」と判断されるのは、その三頁後に「事理無礙・事事無礙」という文字が見えるためである(「事実から形へである(事理無礙・事事無礙)。唯、抽象的思惟の立場に於てのみ、単なる事実と云ふものが考へられるのである」九巻三九〇頁)。

こうした用語法は、決してその場限りの思い付きではなく、むしろ或る文脈の或る場面に来ると繰り返し姿を現わす。例えば、同じく『哲学論文集　第五』に収められた論文「自覚について」(一九四三年)は、まさに先の文章を含んだ箇所を指定しながら、「事」と「理」という。「自覚すること」は、「絶対の事実から絶対の当為へである、事から理へである。絶対無の論理から絶対有の論理へである。右の如くにして、私は前論文に於て云つたことを基礎付け得ると思ふ（「知識の客観性について」の「三」）」（九巻四七九頁、カッコ内の（　）も原著者）。

さらにその翌年の論文「物理の世界」の「一」は（「一は第五論文集の二論文に於て詳論した所」と但し書きがある通り）「多と一との絶対矛盾的自己同一の世界」について論じ直したものであるのだが、「事」という言葉を、次のように、特別な意味で用いている。

「右の如き世界を根本的に理解するには、自己自身を限定する絶対の事の概念よりせなければならない。事は一度的と考へられる、同一の事は再び起こらない。そこに事の唯一性があり、実在性があるのである。一つの事は一つの世界を限定するのである」（「物理の世界」十巻七頁）。

確かにここにも「華厳」への言及はないのだが、しかしこれは「事事無礙」を踏まえた「事」と理解せざるを得ない。さらに次の文章は先に見た、「全体的関連性（ネクサス）」の解説と見まがう文章である。

「事は事に対することによつて事であるのである。単に一つの事と云ふものはない。而も事の背後には、所謂論理的一般者を考へることはできない。一度的なる唯一の事が成立すると云ふことは、事が自己否定を媒介として成立することであり、絶対否定を媒介として事が事に対する、事と事とが結合すると云ふことでなければならない。私の所謂矛盾的自己同一の場所的論理によつて成立するのである」（「物理の世界」十巻八頁）。

単に一つの「事」はない（常に既に全体的関連性の中にある）。しかし、「事」の背後に論理的一般者があるわけではない（「理」から見るのではなく、「事事無礙」である）。そうした位相を、華厳が「他の一切のものを隠れた形で含む」と語ったのに対して、西田は「事が自己否定を媒介として成立する」という。「絶対否定を媒介として」（媒介者Mに媒介されることによって）、事が事に対し、事が事に結合する（書簡・図Ⅰの構図）。西田はその関係を「矛盾的自己同一の場所的論理」と呼んだのである。

ところでもう一つ、今度は「現実の世界の論理的構造」（何度も見てきた連続講座）を、先の言葉（「結び」冒頭の引用）と重ね合わせてみる時、西田が「華厳」に言及するのは、どちらもヘーゲルを批判しながら「個物」の独立を強調した場面であることが確認される。

ヘーゲルでは個物の独立が弱い。個は全体から一方的に規定されている。絶対精神は個物を、自らを実現する手段として自らの内に組み込み、他方、個物は全体によって規定されたものとして全体の自己実現の手段としてのみ自らの存在意義を見出す。それでは「我々の自己の個人的な働き」を考えることができない（「知識の客観性について」九巻三八一頁）。

それに対して、西田の語る「個物」は全体のために存在するのではない。しかし、個物のために全体が存在するのでもない。どちらか一方が優先することはない。個物は、全体から影響を受けることによって変化し、あるいは他の個物と関係し合うことによって変化する。変化することによって、結果的に全体に影響を及ぼす。他方、その全体も、個物からの影響を排除した融通の利かない「固定した全体」ではなく、個物からの影響を受け入れて柔軟に変化する、「生きた全体」である。

西田はこの「全体」を「一般者A」として明示した。「一般者A」は「個物e, e, e…」の集合ではなく、それ自体で独立し、「個物e」を制約する。にもかかわらず両者は、「媒介者M」によって媒介されることによって（絶対否定を媒介として）互いに関わり合い、柔軟に影響し合う（書簡・図Ⅱの構図）。

その時、「一般者A」は、個物に影響を与え、個物から影響を受け、しかし個物の動きの総和を超えた独自の動的システムをなす。他方、「個物e, e, e…」もそれぞれ自発的に自己を表現することによって結果として全体の構造を変化させつつ、実はその全体の構造に組み込まれることによって、個物自身の自発性が開発され方向づけられている。つまり個々の個物は、生きた全体を、それぞれの独自性において表現していることになる。

「一般者A」は「媒介者M」によって「個物e」と媒介されることを通して、初めてこうした「生きた全体」になる。個物と全体との矛盾が止揚されるのではない。むしろ矛盾を媒介として関わり合う。全体が自己を否定することによって個物が可能になり、個物が自己を否定することによって全体が可能になる。「一般的なものが自分自身を否定すると云ふことは個物の世界となること、個物と云ふものは又自分自身を否定すると云ふことでまた一般的の世界になる」（「現実の世界の論理的構造」十三巻一九五頁）。

つまり全体と個物とは互いに「否定性を介した相互依存性」の関係にある。そして、相互包摂的に浸透し合っている。

＊新田によると「西田は、個と個とはたがいに『合着的 zusammengehörig』であると言っているが、それはまさに否定性を介した相互依存性ということにほかならない」（新田義弘 1998, 七二、七九頁）。そして、ハイデッガーも同じこの Zusammengehörigkeit を「否定性を介して相互に属しあう関係を表わすときに」用いているという。なお、西田の用例は、「数学の哲学的基礎付け」（『哲学論文集　第六』十巻二三五頁）に見られる。

この時、「媒介者M」は「無」である。無であるから無数の個物を可能にする。「絶対の無、無の限定、何もないものが自己自身を限定する。……無いものがそれが自分自身を限定する」（「現実の世界の論理的構造」十三巻二一四頁）。

「無の一般者」において初めて「個物」と「一般者A」とを媒介することができ、あるいは、対立する「個物」どうしを媒介することが可能になる。その場面に至る時、西田は「華厳」の奥に秘められた智慧を思い、その論理を取り出すことによって「東洋の論理」を、正確には「東洋とか西洋とかという文化類型学的区別が失効するような世界経験の基本構造」（前出、本書三二頁）を浮かび上がらせようとしていたことになる。

II

西田哲学と『大乗起信論』

――井筒俊彦『意識の形而上学』を介して

序

第II部は、西田哲学と『大乗起信論』（以下『起信論』）との関連を問う。西田は『起信論』について（わずかな例外を除いて）言及したことはなかった。ところが「ある時期」の西田にとって、「起信論」はかなり大きな意味を持っていた。その事実を鈴木大拙との交友の中に見る。また西田が「選科生」として在学した帝国大学の中に確認する。大拙が渡米後最初に英訳紹介したのは『起信論』であり、しかもその過程を逐一、西田宛の書簡で報告している。他方、西田たちが在学した時期の帝国大学では『起信論』が哲学研究の土台として共有され、そこから「現象即実在論」が展開していた。「明治期哲学」における『起信論』の重要性を確認し、「現象即実在論」と『善の研究』との関連を見る（第一章、第二章）。

続いて『起信論』の哲学を見る。碩学・井筒俊彦は『起信論』の哲学的課題を解き明かし、「双面性（非一非異）」の論理を抽出してみせた。例えば、「心真如《しんしんにょ》」が「心生滅《しんしょうめつ》」へと転換する出来事を、一方では「妄念」の成立と理解し、他方では「真如の自己顕現」と理解し、この二つの理解が対立すると同時に両立する（一に非ず異に非ず）という。こうした相矛盾する双面性を『起信論』の様々な場面において確認し、その論理構造を「明治期哲学」の「現象即実在」論との関連において検討する（第三章）。

その上で、西田哲学と『起信論』との関連を見る。西田の「絶対即相対」の論理に注目し、『起信論』における「離言真如《りごんしんにょ》」と「依言真如《いごんしんにょ》」の問題と重ねる。さらに、『起信論』における「因言遣言」に注目し、「言葉に因って言葉を遣《や》る（追い遣る）」という言語の自己否定を介した信仰への飛躍のディスコースの問題を、西田「逆対応」の論理と重ねて検討する（第四章）。

「実在は現在そのままのものでなければならない」（『善の研究』一巻四頁）。あるいは「純粋経験を唯一の実在としてすべてを説明して見たい」（同、一巻六頁）。こうした西田の信念の内に「現象即実在論」との同型性を確認し、その「現象即実在論」の土台に『起信論』を見る。むろん西田哲学が直接『起信論』に由来するというわけではない。しかし、西田哲学にとって『起信論』は、（少なくともこれまで言及されてきた以上に）重要な意味を持っていた。第Ⅱ部は、西田哲学と東洋思想との関連を問う試みの一環として『起信論』に注目する。『起信論』をひとつの事例として、西田の「体験的基盤」に触れてみようとする試みである。

第一章　「起信論一巻読了」の意味——論文「実在に就いて」に至るまで

明治三十六年、西田三十三歳の日記に「起信論一巻読了」という記録がある。第四高等学校に赴任して四年目。学習院に転任するのは六年後（明治四十二年、三十九歳）であるから、波乱に満ちたその前半生の中では、比較的落ち着いた日々を過ごしていた時期である。

明治三十六年（一九〇三年）六月十一日（木）。出校　雨ふる　入湯　起信論一巻読了　余は時に仏教の歴史的研究をもなさんと欲す　余はあまりに多欲　あまりに功名心に強し　一大真理を悟得して之を今日の学理にて人に説けは可なり　此の外の余計の望を起すへからす　多く望む者は一事をなし得ず。

（十七巻一二二頁、傍点は引用者）

『起信論』を読み終えた西田は、「仏教の歴史的研究をもなさん」と欲する自分自身に対して、「多く望むものは一事をなし得ず」、むしろ「一大真理を悟得して」それを「今日の学理にて」解き明かす課題に専念すべきであると言い聞かせていた。

西田は一貫して「仏教思想」を自らの伝統的基盤として意識していた。正確には「仏教思想」と限定する必要はないのだが、少なくとも西洋伝来の「学理」とは異なる体験的基盤を自らの内に意識し、その体験的基盤を東洋の思想と関連させて語った。しかし、それを東洋の思想の中で展開したわけではなかった。「今日の学理」によって解き明かすことに専念した西田は、東洋の伝統的思想と本格的に対決することはなかった。では、西田は「東洋の思想」をいかに理解したのか。

1－1　鈴木大拙の『起信論』英訳

「起信論一巻読了」に戻る。西田はこの時に初めて『起信論』に接したわけではなかった。記録を紐解くと、西田は二十歳過ぎから『起信論』の存在を知っていた。のみならず、かなり強く意識していた（意識せざるを得ない状況にあった）と推測される。一つには同郷同級の畏友・鈴木大拙の影響、二つには「選科生」として在学していた帝国大学哲学科の状況である。

まず大拙との関係から見る。周知の通り、明治三十（一八九七）年、単身渡米した二十七歳の大拙が最初に取り組んだのは『大乗起信論』の英訳作業であった。

＊　正確には、それ以前に、ポール・ケーラスと共同で『老子道徳経』の英訳作業を始めていた（西村惠信1993，一四二頁。井上禅定他1989，二二三頁）。

そうした状況を、大拙は友人西田に詳しく書き送っている。しかも最初の二年間に書かれた西田宛の書簡には、ほぼ毎回、『起信論』の文字が登場する。例えば、米国の消印を持つ最初の西田宛書簡。サンフランシスコに到着から約八カ月後、「起信論を英訳して見ん」と思い立ったが予想以上に困難であったという形で登場する。

書簡①　明治三十年十月二十六日「起信論を英訳して見んと思ひ立ち大胆にも筆を把り始めたるに、其困難予想の外に出でて、一方ならず骨折りぬ……」（『西田幾多郎宛、鈴木大拙書簡』六頁）。

書簡②　明治三十年十二月二十一日「起信論の義御教示千万奉謝、先ごろ藤岡君より義記を送り来りしは君の意によるものと思ふ、多謝……」（同、二三頁）。

西田から大拙宛の返信は残存していないため（あるいは未発見のため）確認はできないのだが、書簡②によれば、大拙は西田に『起信論』の解説書を送るよう依頼し、西田は法蔵『義記』（『起信論』の古典的註解書）を紹介し、共通の友人藤岡作太郎（当時、真宗大谷派第一中学校および真宗大学教授）

の手によって大拙のもとに送られたという。

注目したいのは、この時、西田と大拙の間で、『起信論』が既に共通の話題となっていたという点である。少なくとも「なぜ起信論なのか」と西田が問うた形跡はない。正確には、西田の側からそうした問いが発せられていたならば当然見られたはずの大拙からの応答が、書簡に見られないのである。残存する大拙書簡が私たちに物語るのは、『起信論』について両者の間に既に何らかの共通理解があったということ、あるいは、仏教思想を西洋世界に紹介するならば『起信論』から着手すべきであるという理解が、既に二人に共有されていたということである。

翌年の西田宛の書簡は、繰り返し『起信論』英訳の困難を伝える。しかし、そこでも『起信論』を英訳することに対する疑いは見られない。

書簡③　明治三十一（一八九八）年二月二十日「起信論ぼつぼつ手を着けたれど、思ふに与の力には余るが如し、余は英語に達せず……」（同、四一頁）。

書簡④　同年三月三十日「折角起信論の訳を務めをれども、梵語に通ぜず、仏教文学に暗き拙者大に杜撰《ずさん》を極む、兎に角出来上がりもしたらば叱正を乞い申す、翻訳はつまらぬ事のやうなれど、思想を明白にし、文字の意義を精確にする利益あり、多少の功徳あるかに覚ゆ」（同、四五頁）。

書簡⑤　同年五月二十二日「唐訳起信論色々御手数多謝々々」（同、五〇頁）。

書簡⑥　同年八月二十一日　「起信論は新訳を英訳するに決し、既に脱稿したれども、今一度改竄をへて而る後出版する価値あらば出版の運に至るべし。……村上氏の『起信論達意』と得能氏の『起信論私解』と云へる二小冊子御恵贈願ひ得べきか」（同、五六頁）。

書簡⑦　同年九月六日　「予近頃起信論英訳一件につき毎日愚図愚図致しをれり……」（同、五七頁）。

確かに書簡⑥には「翻訳はつまらぬ事のやうなれど」と見えるのだが、この英訳作業の意味を深く共有してくれる（と大拙が確信することのできる）友人宛でなければ、「与の力には余るが如し」（書簡③）などと書くことはないだろう。まして「唐訳起信論」について手数をかけたと礼を述べ（書簡⑤）、さらに、二冊の小冊子の郵送を願い出ているのである（書簡⑥）。

もう一点、こうした書簡に「ケーラス」の名も「釈宗演」の名も登場していない点に注目したい。『起信論』英訳の作業は、米国における雇い主（ケーラス）から命じられた仕事でもなければ、鎌倉の師（釈宗演）から指示された仕事でもなかった。

例えば、宗演宛の書簡における『起信論』の初出は（公表されている限り）明治三十一年六月十一日付、「朝は編集室に行きて起信論の英訳に骨折り、午後及夜は大抵寓居に在りて独学、研究」という報告であって、そこには何ら「師から賜つた懸案の課題」というニュアンスは見られない（『鈴木大拙未公開書簡』二四三頁）。他方、ケーラスについても、苦闘の末に訳稿を「浄書の上ケーラスに渡した」時、「氏は其中一読して見るべしと曰ひをれど、氏の言のあてにならざるは秋の風の如き故、何時の事となるやら分明ならず」というから、ケーラスが待ち望んでいたとも思われない（十月二十三日付、宗演宛の書簡、前掲書『未公開書簡』二四八頁に依る）。

つまり『起信論』英訳は命じられた仕事ではなく、大拙自身が自ら望んで開始した作業であったことになる。ところがその作業の困難を逐一伝えた西田宛書簡の中に『起信論』を選んだ理由が示されない。西田から問われた形跡もない。そして西田宛の書簡に頻出する『起信論』の文字が、同じ時期の山本良吉宛の書簡にはまったく見当たらない（例えば、明治三十年十一月二十六日、山本宛大拙書簡など。前掲書『未公開書簡』二一七頁）。そうした状況を勘案する時、『起信論』英訳については、大拙の渡米以前より、既に西田との間に共通の理解が成り立っていたと考えざるを得ないのである。

この訳業が出版されたのは、明治三十三（一九〇〇）年十二月（Açvaghosha's Discourse on the awakening of faith in the Mahâyâna）。大拙側の記録には「一部西田宛に送る」とある（『鈴木大拙全集』二十四巻二九〇頁）。しかし西田がそれを受け取ったのかどうか確認できない。この年の西田の日記は十月三日を最後に記入がないためである（同年大晦日まで）。西田がこの英訳を読んだのかどうか、のみならず、その時点で西田が『起信論』をどの程度読んでいたのか、残された記録からは、確認することができない。確認されるのは、英訳出版から三年の後、西田が日記に「起信論一巻読了」と記したということだけなのである。

ところで、大拙は英訳版の中で『起信論』をどのように紹介していたのか。その序文は、『起信論』

が「大乗仏教を代表するテクスト」であり、「大乗仏教のほぼすべての思想が本書に起源をもつ」という。また「著者アクヴァゴシャは、この地ではあまり知られていないとしても、大乗仏教の教義を最初に擁護・普及・釈義した人物」であるともいう。今日の研究から見て修正が必要なこうした点については後に見ることにして、ここでは序文に見られる「宗教的・哲学的ディスコース religio-philosophic discourse」という独特な表現に注目したい。「本書のような抽象的で religio-philosophic な言説を翻訳することの困難について一言申し添えたい」という形で登場するこの表現は、大拙が『起信論』を宗教の書であると同じだけ、哲学の書と理解していたことを示している。大拙は『起信論』を西洋哲学と対峙しうる哲学体系として紹介した。

そして、そうした見解を自らの言葉で展開したのが、最初の著作 Outlines of Mahâyâna Buddhism（一九〇七年）である。この著作は『起信論』を解きほぐす仕方で大乗仏教の叡知を西洋の読者に向けて語り直したものであり、正確には、仏教思想の論理的・体系的性格を提示することに努めたものである。

＊

西田の日記（明治四十一〔一九〇八〕年、元旦）には、「大拙の大乗仏教論をよむ」とある。

こうした理解が西田と共有されていた。そう推測せざるを得ない理由は、もう一つ、西田と大拙がともに「選科生」として所属した当時の帝国大学哲学科の状況である。

1−2　明治期哲学における『起信論』——井上哲次郎と原坦山

西田と大拙が最初に『起信論』に接したのは、（おそらく）帝国大学選科生の時代である。金沢時代の記録に『起信論』の文字はなく、他方、当時の帝国大学哲学科（帝国大学文科大学哲学科）においては『起信論』が重要な意味を持っていたからである。ここに井上哲次郎と原坦山の名前が浮上する。

＊　西田が帝国大学文科大学哲学科に「選科生」として在学したのは、明治二十四年の九月から明治二十七年七月まで（二十一―二十四歳）。大拙も（東京専門学校に籍を置き、円覚寺今北洪川《いまきたこうせん》のもとに参禅していたが）西田の勧めにより帝大「選科生」となっていた（明治二十五年九月から明治二十八年始めまで）。なお、大学の名称は、明治十年創設―明治十九年が「『旧』東京大学」、明治十九年―明治三十年が「帝国大学」、明治三十年―昭和二十四年が「東京帝国大学」。西田たちの在学期間は「帝国大学」であったことになる。なお、西田の「選科生」時代については、小林敏明 2003,「四　内向する蹉跌」が詳しい。しかし『起信論』への言及はない。

井上哲次郎は、西田より十五歳年長、明治十三(一八八〇)年、東京大学文学部第一期生として卒業し、二年後には文学部哲学科助教授に就任する。西田が入学したのは、井上が六年十カ月に及ぶドイツ留学を終えて帰朝し、三十五歳で教授に就任した翌年のことであったから、西田は選科生として、井上教授の講義を聴講したことになる。井上の講義「比較宗教及東洋哲学」は、明治二十四年春から開始され、西田が聴講した時期は「仏教前哲学」として、「印度哲学」を扱っていた。

＊ 井上の講義「比較宗教及び東洋哲学」(明治二十四年春―三十一年七月)についての詳細は、磯前順一「井上哲次郎の『比較宗教及東洋哲学』講義――明治二十年代の宗教と哲学」(『思想』九四二号、二〇〇二年)に依る。

井上の哲学における『起信論』の影響については、既に多くの指摘がある(板橋勇仁 2004, 第一章「『直接の知識』と哲学的方法論」など)。むしろ井上自身が何度も言及しており、「実体」や「実在」の概念は『起信論』の「真如」に由来するという。「例へば、起信論に真如を説きて云く(『起信論』からの原文省略――引用者)。真如は即ち実在なり、是れ内部の直観により領悟《りょうご》すべきものにて、特殊の現象に於ける認識の如く弁別作用によりて説明すべきものにあらざるなり、起信論の文は此意を叙述して、甚だ明晰」(井上哲次郎 1901,「認識と実在の関係」三六二頁)。

あるいは、哲学辞典『哲学字彙』(明治十四(一八八一)年)においては、Realityを「実体、真如」

と説明し（「実体」と「真如」を等置し）、わざわざ『起信論』を参照せよとも明記している。「Reality――実体、真如、按（「参照せよ」の意）、起信論、当知一切法不可説、不可念、故名為真如」。

実在は「説く」ことも「念ずる」こともできない。しかし「現象」から区別される。では「実在」は認識不可能なのかといえば、井上は実在を現象の只中に見ている。ところが『起信論』に基づく井上は、「実在」の超越性が保持されるという。「現象」の只中に「実在」は顕れる、にもかかわらず、両者は一体ではなく、「実在」の超越性は保持される。

後に見るように（第Ⅱ部第二章）、明治期哲学はこうした「実在即現象」の論理を共有していた。近年の研究は西田哲学もその系譜の中に位置づけ、あるいは、『起信論』における「真如」の論理が西田哲学の一貫したテーマであったともいう（例えば、井上克人2011，第二部「明治期アカデミーの系譜」）。

では、井上に『起信論』を教えたのは誰か。原坦山《たんざん》である。井上より三十六歳年長の坦山は、明治十二（一八七九）年十一月から東京大学（帝国大学へと改名する以前の「旧」東京大学）文学部の選択科目として「仏書講義」を担当した（東京大学「印度哲学講座」の淵源である）。

東京大学創立から二年後、学科再編に際して、西洋哲学に対峙する東洋哲学の必要が叫ばれた際、この坦山に白羽の矢を立てたのは、当時「（旧）東京大学法文理三学部綜理」加藤弘之である。加藤は、仏教を宗教としてではなく、哲学として論じる人材を望んでいた。

＊ この文脈における加藤弘之の宗教観については、木村清孝「原坦山と『印度哲学』の誕生――近代日本仏教史の一断面」（『印度学仏教学研究』第四十九巻第二号、二〇〇一年）。また、原坦山については中村元による解説がある（原坦山『大乗起信論両訳勝義講義』萬昌院功運寺、一九八八年、「序」）。中村は、原坦山が『起信論』を講じたことを「わが国の精神史、思想史においてその意義をいかに強調しても過ぎることの無いほど、歴史的な大事件であった」という（同書、「序」一頁）。なお、中村によると坦山は神智学のヘンリー・オルコット（H. S. Olcott）の影響を受けていた。

原坦山（一八一九―一八九二年）は最初儒学を学び、二十歳を過ぎて曹洞宗で出家する。しかし一貫して合理的思考に徹し、一時期は西洋医学を学ぶなど、当時の宗門に対しては批判的な立場に立っていた。加藤は、当時僧籍を失い、「一介の易者」となっていた坦山を「和漢文学科の講師」として招聘し、週二回『大乗起信論』の講義を担当させた。

坦山は、加藤の期待に応え、仏教の根底をなす哲学的構造を、西洋哲学と比較する仕方で説いた。学生たちは、西洋哲学とは異なる仏教思想に特有の論理に目を開かれ、西洋哲学の概念をもって東洋の独自性を浮き彫りにする課題を自覚した。

むろんそれは仏教に限らない。西洋を「普遍」として受け入れ、その「普遍」から承認を得ることによってしか「自立」を獲得しえない「近代日本」の一事例にすぎないのだが、しかし明治開国から十二年、帝国大学アカデミズムの中で「仏書」が講義され、若き学生たちを鼓舞し、そこから明治の形而上学が展開したことは注目に値する。

原坦山に学んだ学生には、井上哲次郎のほか、井上円了、清沢満之《まんし》、三宅雪嶺《せつれい》など。その流れが後に「現象即実在論」と呼ばれる。明治期の形而上学に共通する「現象即実在論」は坦山の「仏書講義」「印度哲学」を源流とし、『大乗起信論』を土台とした。

＊　坦山は当初「印度哲学」ではなく、「心性哲学」という名称を考えていたという。

1－3　「起信論一巻読了」の意味

さて、以上のように、西田が在学していた帝国大学哲学科においては『起信論』が重要な意味を持っていた。西田は、『起信論』を土台とした形而上学が展開してゆく学問状況の中で、多感な学生時代を過ごしたことになる。

確かに西田は井上哲次郎から直接的な影響を受けたわけではなかった。むしろ、「小生はあまり井上さんの学術に感服せず」という（明治四十一年、田部隆次宛書簡、十九巻一三五頁）。まして西田が原坦山に言及したことはなく、『起信論』への関心を書き残したことはなかった。しかし、その同じ学生時代を過ごした大拙が数年後には『起信論』の英訳を開始するのである。若き西田と大拙が、井上教授の講義「比較宗教及東洋哲学」に満足せず、しかしその根底に潜む『起信論』に目をとめて議論を重ねたとしても何ら不思議ではない。

そして、それから約十年の後、先の「読了」が来る。「起信論一巻読了　余は時に仏教の歴史的研究をもなさんと欲す　余はあまりに多欲　あまりに功名心に強し　一大真理を悟得して之を今日の学理にて人に説けは可なり　此の外の余計の望を起すへからす」。

実はこの「読了」の一カ月ほど前、西田は村上専精《せんしょう》の話を聴いていた（明治三十六年五月二日、三日、十七巻一一九頁）。村上は当時、東京大学印度哲学の教授。その著書『起信論達意』を、西田は大拙の依頼に応えて米国に送っている。さらに同月の日記には「〔村上専精の〕仏教統一論をよむ」とある（五月二十八日）。

＊「読了」の前年、明治三十五（一九〇二）年八月七日の日記に「起信論」の文字が独立して登場する。また同年十月二十八日には、「本日大拙より久しぶりに面白き手紙来る」とある。大拙がW・ジェームズ『宗教経験の諸相』を紹介し、西田もぜひ「一読したき」と応じているが、『起信論』の話題はない（前掲書『西田幾多郎宛、鈴木大拙書簡』九七頁）。

そうした流れの中で西田は『起信論』を手に取った。そして今度こそ確実に受けとめた。とすれば、この「起信論一巻読了」という言葉には、ようやく『起信論』を正面から受けとめるに至ったという感慨に近い思いが込められていたのではないか。あるいは、大拙とは異なる仕方で『起信論』を「今日の学知で説く」可能性、あるいは、「現象即実在論」とは異なる仕方で哲学を展開する可能性を予感したのではないか。

はたして、この「読了」から三年後、一九〇六年前半の講義の中で、西田は「実在」を論じ、その講義内容が論文「実在に就いて」(後の『善の研究』第二編)となる。次章で見るように、その議論の展開が『起信論』と対応しているのである。

1-4 「純粋経験ノート」の中の『起信論』

ところで西田は著作の中で『起信論』について言及したことはなかったが、「純粋経験に関する断章」として収録された「ノート」において、例外的に小さな文章を残していた。ひとつは「仏教の大綱」という小見出しの下に記された断片(断片二十一)、もうひとつは「仏教と基督教」を主題とした断片(断片二十六)。西田の仏教理解としても貴重なのだが、今は『起信論』への言及の仕方に注目する。西田は『起信論』を「哲学的思想」と呼んでいた。

＊「断片」の執筆時期は特定されない。（旧版全集でこの断章群を編纂した）山内得立によれば、「恐らくは先生の若き日の研究ノートと覚しきものであるが」、「此等の諸篇が何の年、何の時に書かれたかということが全く不明である」。しかし、「大体において先生の名著『善の研究』の前後に書かれたものであるということ」は確認される（旧版、十六巻六七四頁）。つまり、およそ「起信論一巻読了」から『善の研究』が完成する時期（三十三歳から四十一歳）であろうと推測されている。

まず、「断片二十一」から見る。

①仏教は派に由りて種々に変じ居れども元来無神論であつて万有神教である。万物の本は一であつて之を真如と名づく、即一元論である。而して其一元とは一心であつて即ち唯心的一元論である。②併し此の一心とは固《もと》より個人の心を指すのではなくて絶対的精神をいふのである。唯識には之を頼耶《ママ》識といふ。③起信論には之を一心と名づけ真如、生滅の両方向を具するものとなす。

（「純粋経験に関する断章」十六巻二一六頁、「断片二十一」、「一心」の○は原著者、丸括弧内の数字は引用者）

1　仏教は多派に分かれるが元来は「無神論」であり「万有神教」である。万物のもとを「一」とみて「真如」と呼ぶ。この「一」は「一心（あるいは『心《シン》』）」である。後に見るように『起信論』

は「実在」と「心」とを等置する。

＊　井筒は、「『起信論』哲学の現場では、意識論と存在論とは、いわば二重写しの状態をなしている」という（『意識の形而上学』五八頁）。

２　この「心」は個人の心ではなく「絶対的精神」である。唯識《ゆいしき》は「阿頼耶識《あらやしき》」と呼び、『起信論』は「一心」と呼ぶ。ここで西田が唯識の「阿頼耶識」と『起信論』の「一心」とを重ね合わせている点は注目される。後に見るように井筒は、唯識の「アラヤ識」と『起信論』の「アラヤ識」との違いに注目している（本書一五二頁）。

３　この「一心」は「真如、生滅の両方向を具する」。『起信論』の語る「心真如」と「心生滅」の位相である。そしてこの位相から逆に辿り直せば、「心真如」と「心生滅」との両方向は「一心」の双面であり、「一心」は「真如」であり、万物のもととなる。

ここであらためてこのノートが「仏教の大綱」であり、「仏教（全般）」を主題としていたことを思い出せば、西田の仏教理解は、かなり『起信論』に依拠していたことになる。

続けて西田は、「右の如き哲学的思想によりて四諦《したい》三法印《さんぼういん》の教理を説明す」（傍点は引用者）として『起信論』の思想を「哲学的」と呼び、「四諦」と「三法印」に触れた後、次のように言う。

右の説に由りて見れば仏教の根本的思想は抽象的一元論にて此世は仮現となり従つて厭世教なるが如し。此の如き思想は婆羅門以来印度人の根本的思想なり。小乗仏教も之を出でずと雖《いえど》も大乗仏教に至つては然らず。大乗仏教に於ける涅槃《ねはん》の考は無にあらず有なり。具体的一元論なり。涅槃は常楽我浄《じょうらくがじょう》の四徳を円満するものとなす。活動的の涅槃なり。

（「純粋経験に関する断章」十六巻二二六頁、断片二十一）

インド思想以来小乗仏教までは「此世は仮現」という厭世観であったが、大乗仏教における「涅槃」は「無」ではなく「有」である。「涅槃」は、「此世」から離脱した所にあるのではなく、むしろ「此世」が涅槃となる。「活動的」な涅槃となる。そして、その直後に突然、「現象即実在論」という言葉が登場する。

大乗仏教は現象即実在論なり。具体的一元論なり。真如と生滅とは水と波の如くに同一なり。差別即無差別、無差別即差別にして、三法印は遂に一実相印に帰す。

（同、十六巻二二六頁、断片二十一）

ここで西田は「大乗仏教」を「現象即実在論」と断定している。そして、その喩えとして、『起信論』に有名な「水と波」の比喩を挙げる。ということは、『起信論』と「現象即実在論」を重ねて理解する、先に見た明治期哲学の構図である。「現象即実在論」の土台が『起信論』にあることを（当然）西田も承知していたのである。

さて、もうひとつ別の断章（断片二十六）においても、同じ趣旨がより詳細に語り直されている。仏教は「此の仮現の世を去りて清浄なる本体に帰する」ことを教える。「元来清浄寂滅なる真如の本体が汚され種々の万象を生ずるのは欲望である」。この「欲望の本は自我である」。そこで仏教はこの「我」を滅することを目指す。しかし以上は、「主として小乗仏教の大綱」である。それに対して、大乗仏教に至ると理解が変化する。

大乗仏教に至ると真如なる絶対の考が一歩進んで深遠となる。絶対は相対を離れた絶対ではない。本体はこの仮現の現象界を離れて別に存するのではない。絶対即相対となる。かく考ふる様になると自我と本体との関係も異なりてくる。自己が本体に帰すると云ふのは清浄寂滅に帰するのではなくて、之の差別の現象界のままにて無差別の本体に帰しうるのである。
（同、十六巻二三七頁、断片二十六）

ここで西田は、大乗仏教では「真如なる絶対」の理解が深まると言い、「絶対即相対」の問題と重ねている。真の「絶対」は「相対を離れた絶対」ではない。そして、「本体」と「現象」との対比と重ね、本体は仮現の現象界を離れて別に存するのではないと言い換える。後に見るように、後期西田の論文「場所的論理と宗教的世界観」は「神」と「人」との関係を論じながら、「絶対と相対」に関する濃密な議論を展開する（第Ⅱ部第四章4−1）。ところがこの断片においては、『起信論』の「真如」の問題として「絶対即相対」を語り、「本体（絶対）」が「仮現の現象界（相対）」から離れて独立して存在するわけではないという。「本体（実在）」と「仮現（現象）」とは区別されるが、しかし、「本体」が「仮現」から離れて存在するわけではない。「本体」は「仮現」として存在する。しかし、区別がなくなるのではない。そうした関係（双面性・非一非異）を「絶対即相対」の「即」の一文字で描き取ろうとした。

そう考えると、個々人の「自我（相対）」と「本体（絶対）」との関係も変化する。「自我」が「本体」に帰するというのは、「自我」が消え去ることではない。むしろこの「此世」の現象界（差別相）のまま存在しつつ、本体（無差別相）に帰する。現世の営みから離れてしまうのではなく、現世の営みの中にありながら、神に帰する。あるいは、神に帰するという仕方で、現世の営みを生きることになる。

こうして、この貴重な断片は（これから見てゆくことになる）『起信論』の要点を先取りする仕方で問題を提示している。注目したいのは、西田が『起信論』に重ね合わせた二つの論点、「現象即実在」と「絶対即相対」である。以下、まず「現象即実在論」を西田の最初期の論文「実在に就いて」においてて確認し、『起信論』との重なりを見る。続いて、「絶対即相対」の問題を論文「場所的論理と宗教的世界観」において確認する。「絶対的一」である「真如」と「相対的多」である「現象界」

との関係が、「絶対即相対」の「即」の出来事として、解きほぐされることになる。

むろん、西田哲学と『起信論』との比較思想研究のためには、さらに多様な論点が必要になるのだが、小論は、あくまでこの貴重な「断片」に残された西田自身の言葉を手がかりとして、二つの論点に焦点を絞ることにする。

＊ 『一般者の自覚的体系』（一九三〇年、全集第四巻）、『無の自覚的限定』（一九三二年、全集第五巻）の体系を、『起信論』の構造と重ね合わせ、例えば「判断的一般者」から出発してそれを包括するより大きな一般者へと昇りゆく階梯を「不覚から覚へ」と向かうプロセスと重ね、逆に、「絶対無の自覚的限定」を「不覚の形成プロセス（三細六麁《さんさいろくそ》）」と重ねて検討する作業は、極めて困難が予想されるとしても、残されるひとつの課題である。

＊＊ 西田哲学と『起信論』の比較は既に末木剛博が行っている。『善の研究』と『起信論』とに共有される点として、共に意識一元論、意識内在論、自己反省に依る自覚の体系、その自覚は段階的な体系をなし、理想状態においては自我が普遍的なものに合一するという。他方、相違点としては、一、『善の研究』の体系が理想に向かう向上だけであり、頽落《たいらく》への道は語られないのに対して、『起信論』では向上と頽落の過程（還滅門《げんめつもん》と流転門《るてんもん》）が語られる。二、『善の研究』には頽落の原理がないのに対して、『起信論』は「心を濁らせ迷わせる原理」を「無明《むみょう》」として語る。三、『善の研究』では「言語が演ずる功罪」が考慮されないのに対して、『起信論』は「自覚に対する言語

の功罪両面」を説く。四、『善の研究』が世俗の人倫・道徳を積極的に認めるのに対して、『起信論』は世俗的な人倫・道徳には積極的な価値を認めない（末木剛博『西田幾多郎』第一冊、二四〇―二四一頁）。こうした相違点のうち、とりわけ『善の研究』に「言語（言・コトバ）」の限界への指摘がない点は重要である。この点は『起信論』の「離言真如」と「依言真如」とを検討する際に詳しく見る。また末木による後期西田と『起信論』との相違については、第四章（本書一七二頁）。

なお、本章との関連で以下では「現象即実在論」を先に検討し（第二章）、その後『起信論』の論点を洗い出し（第三章）、最後に「絶対即相対」の論点を検討する（第四章）。

第二章　明治期哲学と論文「実在に就いて」――『起信論』との関係

2―1　明治期哲学――「現象即実在論」の系譜

近年、明治期哲学の根底に『起信論』を認める研究は珍しくない。明治期哲学の主流は「現象即実在論」であり、その系譜は『大乗起信論』に遡るというのである。例えば、小坂国継はこう指摘する。「明治期の形而上学は、……現象即実在論という共通した性格をもっている。それは仏教的な実在観を基礎にしたもので、現象と実在とを区別せず、両者を表裏一体と考える点、また実在を何ら実体的なものとは見做さないで一種の根源的な活動ないし作用と考える点で共通している。おそらく彼らのいう実在は『大乗起信論』の「真如」の観念にもっとも近いであろう」（小坂国継

2013,「まえがき」)。

明治期の「実在」概念は「仏教的な実在観」を基礎にしており、『起信論』の「真如」の観念に近いというのである。さらに井上哲次郎の「一如的実在」も「真如」に近いという。「一般に日本的観念論の原型を井上の現象即実在論に、さらに遡っては『大乗起信論』にもとめることができるのではなかろうか」(同、三六六頁)。

むろん先に見た原坦山「仏書講義」の系譜のことであるのだが、興味深いのは、小坂がそれを人脈の話とせずに、明治期哲学と仏教思想との関連として考察を深めている点である。明治の知識人は幕末以来、儒教的伝統を媒介して西洋哲学を受容してきた。ところが西洋哲学の紹介や解説では満足せず、「いわば自前の哲学を形成しようとする段階に達したとき、彼らが依拠したのはもはや儒教思想ではなく、仏教思想であった」(同、三六九頁)。儒教は実践的な思想である反面、「論理的・内省的な思考に欠ける」。それに対して「仏教思想は瞑想的であって深遠な形而上学的思考に長じている」。そこで明治の思想家たちは、独自の哲学を構築しようとする段になって、「仏教に目を転ずるようになった」というのである(同、「まえがき」)。

では、なぜ『起信論』であったのか。(先に見たように)大学アカデミズムの中に「仏教思想」を組み入れる案が浮上した時、加藤弘之は仏教を哲学として論じることのできる人材を求め、その期待を背負った原坦山がテクストに選んだのが『起信論』であった。したがって、もし坦山がテクストに『起信論』を選ばず、あるいは別の人物が担当していたら、明治期哲学は異なる展開を見せた可能性があるという意味において、「偶然」と言えないこともないのだが、しかし結果から見た時、やはり『起信論』がその時代の課題に応える魅力を備えていたと考えた方が事態に即している。

＊坦山が大学に提出した「年次報告書」によれば、『起信論』以外のテクストも講じていた。「仏教の経論三部を講ず、すなわち円覚経、起信論、百法明門《ひゃっぽうみょうもん》論題解是なり」（『東京大学第二年報』収載、前掲、井上克人『西田幾多郎と明治の精神』一六〇頁から引用）。しかし、明治期哲学との関連で『起信論』以外の名前が登場することはない。

西洋哲学と対峙しうる体系を備えた東洋の思想。西洋とは異なる論理構造。そうした期待を抱いた明治の若い世代の眼に、『起信論』は（鈴木大拙の言葉で言えば）religio-philosophic discourse をもって見事に応えたことになる。むろん歴史的に「古典」として評価が高く、また（例えば、『教行信証』のような）個別「宗派」の経典ではなかったことも重要なのだろうが、それ以上に「哲学としての仏教思想」という点が若い世代の心に響いたということである。

さて、『起信論』の詳細は後に見ることにして、今は「真如」と「実在」との関係に焦点を絞り、いくつか論点を整理しておく。

一、「現象即実在論」は実在を現象の只中に見る。現象の外に超越的存在を想定しない。『起信論』の真如も現象の外ではない。個々の存在者の根底に伏在する。あるいは、個々の存在者がそのまま真如の姿である。
二、実は、真如が自己顕現することによって、個々の存在者となっている。個々の存在者は真如の顕れた姿である。
三、しかし真如が現象の内に解消してしまうわけではない。個々の存在者として顕れても、真如は真如であり続ける。個々の存在者に内在しつつ、しかし真如としての超越性を保ち続ける。
四、逆から言えば、真如の超越性は、現象から離れて成り立つわけではない。現象の内なる超越性である。同様に「現象即実在論」の実在も、現象に内在しつつ、しかし実在としての超越性を保ち続ける。
このように『起信論』における「真如」は自ら変化し、別の在り方へと変容しながら（自己顕現しながら）、他方では、それ自身に留まり、その超越性を維持している。こうした相矛盾する双面性を、井上克人は「顕現」と「覆蔵《ふくぞう》」という一対の術語で呼ぶ。真如は、覆蔵態と顕現態という「存在論的には背反する両面をもつ」というのである（井上克人 2015, 一〇八頁他）。

興味深いのは「覆蔵」である。この用語は「自己蔵身」とも言い換えられ、真如は「超越的に自己自身のうちに蔵身しつつ、同時に、自ら顕現せしめたすべての存在者の中に内在する」という形で用いられる（同、二三四頁）。あるいは、真如は「現象へと自らを展開しつつも、それ自身はその超越性を維持すべく、自己自身へと遡源的に翻る、つまり自己蔵身する」（同、二三五―二三六頁）。

つまり、真如が自らに留まり続けるとは「遡源的に翻る」ことである。動かずに留まるのではない。現象として（個々の存在者へと）自らを顕す、ということは、超越的な在り方を自ら否定して現象の中に「下《くだ》る」、にもかかわらず、同時に超越的なものへと「翻る」。

＊「下る」は「ケノーシス」を念頭に置く（『フィリピ人への手紙』二章六―八節）。西田も「ケノシス」に言及している（「場所的論理と宗教的世界観」十巻三一七頁）。

「超越的なものは、現象へと自らを展開しつつも、それ自身は現象に非ず（即非）という仕方でどこまでも超越的なものに」留まり、「自己覆蔵的なものになる」（同、三〇四頁）。動かずに留まるのでもなく、外に流れ出てしまうのでもない。「自己自身へと遡源的に翻る」と説明されるしかない「覆蔵（自己蔵身）」という在り方である。

＊西田は論文「場所的論理と宗教的世界観」の中で、こうした「蔵身」の在り方を、「絶対無に対する」とも、「自己が自己矛盾的に自己自身に対する」とも、「無が無自身に対して立つ」とも言い換える（十巻三一五―三一六頁）。後に詳しく見る（第Ⅱ部第四章4―1）。

さて、そのように理解してみれば、「現象即実在」の「即」は、単なる同一や合致ではありえない。むしろこの「即」には「即非（同一に非ず）」の意味が含まれている。より正確には「即非」であり同時に「即」であるという、それ自身の内に矛盾を孕んだ「即非的自己同一」。「即」という一文字は、〈(実在が)現象へと自らを展開しつつも、それ自身はその超越性を維持すべく、自己自身へと遡源的に翻る〉と語られた「実在」の特殊な在り方を言い当てていたことになる。

もう一点、重要なのは、『起信論』における真如の「自発自展」である。真如は、おのずから、現象へと展開する。外からの影響によって現象に変化するのではない。「一」なる真如が、おのずから動いて(自らの在り方を否定して現象の中に下り)、個々の存在者として顕現する。しかし、多として顕現しつつも、真如は「一」に留まる。真如が現象の内に消滅することはない。超越的一に留まっている。しかも「一」なる真如が分解して多様な存在者になるのではなく、「一」が「一」のまま個々の存在者になっている。個々の存在者がそれぞれ「一」の全体的な顕現である。

＊　井筒の用語で言えば、「分割」とは異なる「分節」である。「分割」が、「一」が分裂し、各部分が個々の存在者として独立することであるのに対して、「分節」は「一」が「一」のまま個々の存在者になることである(華厳哲学の「挙体性起」に相応する。本書四六頁)。

西田が『善の研究』において論じた「純粋経験」もまた「一なるものの自発自展」として展開する。あるいは、純粋経験の展開として個々の意識現象が成り立つ。したがって、すべての意識現象の根底に純粋経験がある(内在する)、にもかかわらず、純粋経験は(超越性を保ち)他の意識現象から区別され、特別な位置に置かれる。

むろんこうした要約では粗すぎる。正確には「統一的或者」が「自発自展」するのであり、「純粋経験」の用語も整理が必要である。そこで今度は西田の議論に立ち入って見ることにする。西田を明治の哲学界に知らしめることとなった初の本格的論文「実在に就いて」(『哲学雑誌』第二四一号、明治四十(一九〇七)年、西田三十七歳)。後の『善の研究』「第二編」である。

＊ 論文「実在に就いて」の用語法における「実在」は、厄介なことに、多くの場合「現象即実在論」の「現象」に対応する。「個々の実在」、「すべての実在」などは、個々の存在者、即ち、現象界における「多」である。他方、「現象即実在論」における「実在」は、「真実在」、「統一的或者」などと言い換えられるが、一定しない。西田は、現象界の「多」の外に実体としての「実在」を設定することなく、現象界の「多」をそのまま「実在」と見ようとする。

2-2　論文「実在に就いて」――「統一的或者」と「自発自展」

論文「実在に就いて」は、以下のような論理構造を持つ。

第一に「統一的或者」。西田は個々の実在の根底に「統一的或者」があるという。「先ず凡ての実在の背後には統一的或者の働き居ることを認めねばならぬ」（『善の研究』一巻五五頁、岩波文庫版九一頁、以下「文」と略）。

「背後に働く」というメタファーは、「根柢に潜んでいる」とも「個々の実在をつなぐ媒介者」とも言い換えられながら、何度も登場する。しかし実は、そもそも個々の実在が、統一的或者の自己展開した姿であると明かされる。「統一的或者」という「一」が様々な存在者「多」として顕現している。その事態を存在者の側から見る時、まず、「すべての実在の背後には統一的或者が働く」と語られるのである。

＊「統一的或者」は『起信論』で言えば「真如」に対応する。「現象的存在次元において働く真実在それ自体」の問題である（本書一三四頁以下）。

第二に「統一的或者」の自己展開。すべての物は対立によって成立する。しかし、その対立する物は、他から来るのではなく、「自家の中より生ずる」。「統一的或者」に備わる「内面的性質」の「必然の結果」として個々の存在者が成り立つ（一巻五八頁、文九五頁）。なお、この時期の用語、「真実在」や「統一的或者」は一定しない。しかし（既に多くの指摘がある通り）重要なのは、この統一的或者が、実体ではなく、一種の活動力（作用）であり、自己展開するという点である。

＊『起信論』は「対立」とは言わず、「不空」あるいは「差別の相」という。例えば、「心真如」は「一切の差別の相」から離れている（空である）、にもかかわらず、自己分節する（不空である）。心真如それ自身の内側に既に「差別の相」が潜在し、〈自己顕現への志向性〉が含まれているということである（本書一三八頁以下）。

第三、すべての意識現象の背後に宇宙の根源的な力が働いている。ここでは「不変的或者」という言葉が使われる（『善の研究』の用語法において、「不変的」と「普遍的」は同義である）。「精神の根柢には常に不変的或者がある。この者が日々その発展を大きくするのである。時間の経過とはこの発展に伴う統一的中心点が変じてゆくのである、この中心点がいつでも『今』である」（一巻六一頁、文九九頁）。統一力の中心が変移してゆくことが「時間の経過」であり、変移してゆく瞬間ごとの中心点が「今」である。

この「不変的或者」は、「唯一の統一力」とも「唯一の実在」とも言い換えられる。宇宙万象の根底には「唯一の統一力」があり、万物は「同一の実在」の発現したものである。では、「この唯一の実在」から、いかに「種々の差別的対立」が生じてくるのか。

＊『起信論』で言えば、「忽《こつ》然《ねん》念《ねん》起《き》」の問題である。なぜ清浄な真如の中に「念（染心）」が生じるのか（本書一三二、一五六頁）。『善の研究』は「対立」と「統一」として解き明かそうとする。

西田はこう語る。

実在は一に統一せられて居ると共に対立を含んで居らねばならぬ。ここに一の実在があれば必ずこれに対する他の実在がある。而してかくこの二つの物が互いに相対立するには、この二つの物が独立の実在ではなくして、統一せられたるものでなければならぬ、即ち一の実在の分化発展でなければならぬ。而してこの両者が統一せられて一の実在として現れた時には、更に一の対立が生ぜねばならぬ。しかしこの時この両者の背後に、また一の統一が働いて居らねばならぬ。かくして無限の統一に進むのである。

（一巻六三頁、文一〇三頁）

一、実在は対立を含む。必ず対立する他の実在がある。二、二つの物が独立に実在している限り、相対立することはできない。三、対立の成り立つ場が必要である。この時期の西田は、両者が「統一せられたるもの」という。四、二つの物の「統一」を「一の実在の分化発展」と言い換える。五、しかし二つの物が「統一せられて一の実在として現れた」時には、またさらに、「一」の対立が生じる。六、この場合も、両者の背後に、また「一」の統一が働いている。かくして無限の統一に進む。

こうして西田は、最終的には、現象界における「多」を、根源的統一力の多様な発現として説明した。一方では、個々に独立した現象的「多」の対立と統一とを語りつつ、他方では、根源的「一」の自己展開を語った。「個々の意識現象から出立して、それらの相互の対立と統一をとおしてすべての事象を説明しようとする多元論的な見方と、反対に統一的或者（根源的統一力）から出立して、その分化・発展の諸相としてすべての事象を説明していこうとする一元論的見方が併在」（小坂国継2013, 一九一頁、強調は引用者）しているということである。

＊　小坂は、こうした西田の試みを、ジェームズの純粋経験説とヘーゲルの具体的普遍の思想とを大乗仏教的立場から総合・統一しようとする試みと言い、その大乗仏教的立場を「平等即差別、差別即平等」の立場と呼ぶ（同書、一七九、一九九頁）。

このように、論文「実在に就いて」は、「一（統一的或者）」の自発自展を語っているのだが、しかしまだ「一」の「双面性（非一非異）」は前面に出てこない。〈超越的な「一」が現象的な「多」へと自ら展開しつつそれ自身は超越的なものに留まる〉という「超越即内在」の論理は、直接的には語られない。その代わり、すべての対立がその根底に統一を持つという構造が語られる。対立は統一を前提にし、その統一はその手前の対立を前提にする。その仕方で根源に遡ってゆき「統一的或者」に至ると同時に、逆にそこからこの「統一的或者」の分化・発展が語られたことになる。

あるいは、当時の西田の立場に立って言えば、「現象即実在論」が「超越即内在（非一非異）」を（共時的に）強調したのに対して、むしろ実在の「自発自展」を（通時的に）強調してみせることによって、「現象即実在論」を新たに読み直そうとしたことになる。

その意味では、『起信論』は「現象即実在論」に近い、というより、「現象即実在論」が『起信論』に依拠していたということである。それに対して論文「実在に就いて」は、その構図を（空間的な「自己分節」ではなく）時間軸における「対立と統一」の自発自展として論じ直した。まさに『起信論』によって示された「一大真理」を、ヘーゲル弁証法という「今日の学理」をもって説くことを試みたのである。

2-3 純粋経験と思惟——思惟は純粋経験を把握できるか

ところで、『善の研究』「序」は、「純粋経験を唯一の実在としてすべてを説明して見たい」と語っていた。ところが他方で西田は、「何ごとにせよ我々に直接の事実であるものは説明できぬ」とも考えていた。

「直接の事実」である「純粋経験」は説明できない、にもかかわらず、その説明できぬ純粋経験を唯一の実在としてすべてを説明する。では、この「唯一の実在として」とはどういうことなのか。

ここで重要なのは、純粋経験が〈反省以前の主客未分だけ〉を指すわけではないという点である。

むろん純粋経験は〈反省以前の主客未分〉を指すのだが、それだけではない。反省の背後にも働く。反省以前の主客未分とは区別された〈反省（主と客との分離）〉の背後にも、純粋経験は働いている。「反省的意識の背後にも統一があつて、反省的意識は之に由つて成立する」（一巻一四八頁、文二四五頁）。あるいはこうも言う。「われわれの意識の根柢にはいかなる場合にも純粋経験の統一があつて、我々はこの外に跳出することはできぬ」（同）。

　つまり純粋経験は始めから一貫して働いており、その働きが反省によって妨げられることなく現われると「純粋経験」となる。それに対して、反省が加わると判断や思惟になり、純粋経験は背後に潜む。「此表象（純粋経験——引用者）が始から含蓄的に働いて居たのが、現実となる所に於て判断を得る」（一巻一六頁）。

　言い換えれば、「純粋経験」という用語が二重になっているということである。純粋経験は常に働き続けているのだが、それがそのまま妨げられずに「顕在的」に働く（現前する仕方で働く）場合には「純粋経験」と呼ばれる。他方、判断や思惟の根底にも（背後には）純粋経験が「潜在的」な仕方で働き続けている。つまり、〈反省以前〉における顕在的な純粋経験と、〈反省〉の背後に働く潜在的な統一作用としての純粋経験。あるいは、むしろ純粋経験は、（常に）潜勢的な統一作用として働いており、（例外的に）直接的な純粋経験の場合のみ顕在的に働くということである。

　こうした文脈を理解して初めて、以下のような（一見唐突に聞こえる）命題も納得される。「純粋経験は直に思惟である」（一巻二三頁、文三七頁）。あるいは、「思惟と経験とは同一であつて、その間に相対的の差異を見ることはできるが絶対的区別はないと思ふ」（一巻二三頁、文四〇頁）。

＊『起信論』は「非一非異（一に非ず異に非ず）」という。先の「断片」と重ねてみれば、「絶対（純粋経験）」は「相対（判断・思惟）」を離れた絶対ではない。しかし相対の中に消えるわけではなく、やはり絶対として留まる。そうした「超越即内在」の論理が、しかし『善の研究』の時期にはまだ前面には出ていない。

思惟は純粋経験の自発自展の一過程にすぎない。思惟も判断も、純粋経験が自発的に展開し（分化することによって）成立した、純粋経験の一過程である。

では、（純粋経験の一過程にすぎない）思惟や判断によって、なぜ（すべての過程を含んだ活動全体である）純粋経験を把握することが可能なのか。純粋経験それ自身は、思惟以前（思惟を超えたもの）である。逆に、思惟や判断は、純粋経験の統一作用（例えば、主客未分）が破られた不統一（例えば、主と客との分離）である。では、なぜそうした思惟によって実在全体を把握することが可能なのか（高橋里美以来、繰り返された難問である）。

板橋勇仁はこう問い直す。「唯一実在の体系における一過程ないし一部分でしかない思惟が、いかなる仕方でこの実在体系全体を客観的に論理化することができるであろうか」。そしてこう答える。「実在が実在として自らを分化発展するそのままにそれを思惟する限りで、客観性を獲得する」

（板橋勇仁 2004, 三三頁。傍点は引用者）。

実在が自らを分化する。その分化を「そのまま」思惟する。実在が実在として現われる出来事を「そのまま」思惟し、事実が自らを顕すこととそれを思惟することとが直接に一つとなる。後年の西田の言葉で言えば、「物となつて見、物となつて動く」（例えば、「知識の客観性について」九巻四六三頁）。事実の側から事実を知る、その限りで思惟は客観性を獲得する。純粋経験の側から言えば、純粋経験が、思惟において初めて、純粋経験自身に顕《あらわ》となる出来事、思惟の側から言えば、思惟自身の根拠に向かう遡行的な運動である（井上克人 2015, 二六六頁）。

しかし問題が解決したわけではない。むしろ問題の所在が確認されたにすぎない。思惟によっては捉えることのできない純粋経験について思惟する哲学的思惟の根拠問題。

上田閑照は、西田の「純粋経験を唯一の実在としてすべてを説明して見たい」の「説明する」について、この「説明する」の立場自身が、純粋経験の自発自展から説明されていないと指摘する。そして、西田の思想が「純粋経験の立場」から「自覚の立場」へと移行してゆく事実を踏まえながら、次のように解き明かしている。

「『説明する』という仕方で学を営む場合、説明の原理が同時に『説明する』ことをも説明し得るためには、そしてそのような仕方で学が基礎づけられ得るためには、最初から思惟とか知を含んだような原理でなければならないでしょう。それは純粋経験から出発するのとは違ってくるはずです」（上田閑照 1991, 二八〇頁）。

純粋経験の直接性から区別された「思惟」（純粋経験の「外に立つて、翻つて之を見た意識」としての「思惟」）ではなく、いわば、〈純粋経験の中で最初から機能していた判断や思惟〉の構造を解明する立場。それはもはや「純粋経験の立場」ではなく、「自覚の立場」になるというのである。

あるいは、新田義弘は、そもそも直接的事態を把握する仕方そのものの変更が余儀なくされるという。

> 「『善の研究』の叙述には一つの難点というべきものが生じている。確かに直接的な知識は間接的な知識に先行してはいるが、それだけでは間接的な知識を可能にするわけにはいかない。直接性そのものには、それだけでは知識の根拠たる資格はない。（中略）厳密に言えば統一性の働きのなかでこの統一性をすでに或る仕方で理解しているような知の構造があってはじめて、統一性が知の統一性として働くのであり、したがって直接的な知から間接的な知への展開も可能となるのである」（新田義弘 1998, 九頁。傍点は引用者）。

「統一性の働きのなかでこの統一性をすでに或る仕方で理解しているような知の構造」。それは純粋経験の直接性の外で初めて成り立つ判断や思惟ではない。純粋経験の直接性の中で既にその働きを理解しているような知の在り方。逆に言えば、原初的な純粋経験それ自身も、判断や思惟から離れた（純粋な）「統一」ではありえない。「自らについての意味や判断を成立させるような不統一をすでに含んだ『統一』として捉えなおす必要がある」。

一方で、〈純粋経験の直接性〉は〈思惟や判断〉から区別される。しかし他方で、純粋経験の直接性の中で既に働く思惟や判断が課題になる。「純粋経験の自発自展」として言えば、純粋経験が思惟や判断になってゆく途上の「いまだ思惟といいえぬ思惟」が課題となっているということである。

＊ 井筒も「いまだ分節といいえぬ分節」に注目する。井筒の用語法で言えば、「無分節の中で既に働いていた分節」。無分節から離れて初めて生じる分節ではない、無分節の中で既に生じつつあった「分節とも言えぬ分節」。例えば、華厳哲学の「理理無礙」、あるいは、イブヌ・ル・アラビーの哲学に即して語られた「神自体の内部で」既に生じている自己顕現の位相である（井筒俊彦「事事無礙・理理無礙——存在解体のあと」『コスモスとアンチコスモス』所収）。

西田哲学の展開としては、まさに「自覚の立場」において理解されるべき課題である。しかし本稿は論文「実在に就いて」に留まる。そして『起信論』との関連を見る。むろん『起信論』が「学の成立根拠」を論じるはずはないのだが、しかし「離言真如」と「依言真如」の問題と重ねてみることはできる。「言（コトバ）」で〈語り得ぬこと〉と〈語り得ること〉。西田の「純粋経験」を『起信論』の「真如（あるいは「心真如」）」と重ね、〈純粋経験の直接性〉を「言（コトバ）」で語り得ぬ「離言真如」と重ねることによって、西田哲学と『起信論』とに共有される論理構造を浮き彫りにしたいと思っているのである。

第三章　『起信論』と「双面性（非一非異）」
――井筒俊彦『意識の形而上学』を手がかりとして

3-1　『起信論』について

若き日の西田にとって『大乗起信論』（以下『起信論』）』はいかなる意味を持っていたか。前章までの考察は、『起信論』が西田の仏教理解に影響を与え、最初の哲学論文にも（明治期「現象即実在論」を経由して）影響を及ぼしていたことを確認した。

では、『起信論』は何を語ったのか。正確には、若き日の西田に影響を与えた『起信論』とは何であったのか。鈴木大拙は『起信論』を「宗教的・哲学的ディスコース religio-philosophic discourse」と呼んだ（本書九一頁）。若き日の西田もそこに、宗教的教説と共に、ひとつの哲学を見た。正確には、西洋とは異なる独自の論理を持った哲学を見た。哲学テクストとしての『起信論』。そして、井筒俊彦の『起信論』読解はまさにその側面に光を当てていた。

＊『起信論』は信仰の書であり、実践の中で生きて働く。その具体的な姿については、鎌田茂雄『大乗起信論物語——中国仏教の実践者たち』（鎌田 1987）が興味深い。中国仏教史に生きた人物たちに即して『起信論』の内容が魅力的に語られる。

井筒の遺作『意識の形而所学』（井筒 1993）は『起信論』を哲学として読み、このテクストが提出する哲学的問題を浮き彫りにした。むろん、伝統思想を現代の視点から任意に裁断する危険を熟知した碩学のことである。その読解は慎重なのだが、しかし、目的とするところは『起信論』の註解書ではなかった。井筒はこう書いている。「私が年来考え続けている東洋哲学全体の、共時論的構造化のための基礎資料の一部として、『起信論』という一書を取り上げ、それの意識形而上学の構造を、新しい見地から構築してみようとする」（『意識の形而上学』一一頁）。

ここでは、そうした井筒の『起信論』理解を手がかりとして、若き日の西田の目に映った『起信論』に迫ろうとする。正確には、西田自身の『起信論』理解（「純粋経験ノート、断片二十一・二十六」本書第II部第一章1–4）を定点として、その理解に井筒の理解を重ねながら、『起信論』の論理を読み解こうとする。

井筒は「双面性」に注目した。『起信論』の語りは「双面的・背反的・二岐分離的に展開する」、単純な一本線ではない。もし、「一方向的な直線に引き延ばして読むとすれば、『起信論』の思想は自己矛盾だらけ」ということになる。「強靭で柔軟な蛇行性」（『意識の形而上学』一三―一四頁）。本書は、こうした「双面性」を、『起信論』の言葉を借りて「非一非異」（あるいは「非同非異」）と呼ぶことにする。

＊『起信論』はアラヤ識を解き明かす際に、「和合して、一に非ず異に非ず」と用いた（岩波文庫、二九頁）。本稿はこの用語を、アラヤ識に限定せず、矛盾を内に秘めた双面性の意味で広く用いる。「非一非異」と「絶対矛盾的自己同一」、「逆対応」、「即非の論理」などとの関連は今後の重要な課題である（第Ⅱ部「結び」参照）。なお、井筒によれば、『起信論』の思想スタイルとして、思想を空間的に構造化する点が特徴的である。空間的に働くわけではない「心」や「意識」を空間的に解き明かす。そこで「非一非異」の矛盾が際立ち、「内在即超越」の論理が鮮明になる。その半面、『起信論』には時間的変容の視点が弱いことになる。

さて、考察に入る前に、簡単に仏教史における『起信論』の位置を見ておく。『大正大蔵経（大正新脩大蔵経・全百巻）』の中で、『起信論』は「印度撰述部」の最後「論集部」（第三十二巻）に配置されている。仏典は、経・律・論の三蔵に分かれ、その「論」が「経典の注釈（釈経論部）」と「論典（集義論）」に分かれる。後者は小乗と大乗とに分かれ、「大乗」がまた「中観《ちゅうがん》」、「瑜伽《ゆが》」、「論集《ろんしゅう》」の三部に分かれる。『起信論』はこの最後の「論集部」に属している。ということは、『起信論』は「経（仏の教えの集成）」でも「律（戒律の集成）」でもなく、「論（仏説の解釈）」であり、しかも大乗の論典の内、中観派と瑜伽派のどちらにも属さない論典ということになる（高崎直道 1991, 第一講）。

では、中観派や瑜伽（唯識）派と何が違うのか。分岐点は「如来蔵」である。『起信論』がすべての衆生に「如来蔵」を認めるのに対して、中観派や瑜伽派は認めない。衆生が「如来を胎内に宿している（仏となる潜在能力を持つ）」と見る「如来蔵」の思想は、中観派と瑜伽派との論争を経た後、大乗仏教の展開の中で最後に現われた思想である。『起信論』はその「如来蔵」の思想に基づく論典なのである。

そのため、その成立時期は（多くの議論はあるものの）五世紀半ば以降と考えられている。著者はいまだに確定されない。残存するテクストは、著者を「馬鳴《めみょう》（アシュヴァゴーシャ）」、訳者を「真諦《しんだい》三蔵《さんぞう》」と名乗り出るのだが、膨大な研究にもかかわらず、いまだに確定されない。井筒の言葉を借りれば、「インドの馬鳴菩薩の作ということになってはいるが、馬鳴といっても、どの馬鳴か、それが問題だ。……いつどこで書かれたものであるか、正確にはわからない。……それでいて、出所不明、あるいは出自不確実の、（外見上は）片々たる小冊子にすぎないこの本は、大乗仏教屈指の論書として名声を恣《ほしいまま》にし、六世紀以後の仏教思想史の流れを大きく動かしつつ今日に至った」（『意識の形而上学』一〇頁）。

＊『起信論』の成立については、柏木弘雄1981参照。日本国内に残存する多種の『起信論』の写本については、国際仏教学大学院大学・学術フロンティア実行委員会編2007を参照。なお、『起信論』の註釈書『釋摩《しゃくま》訶《か》衍論《えんろん》』は、著者・訳者など特定されないが、空海が典拠としたため、特に真言教学において重視された。『起信論』の実践面に関する解釈として、また、如来蔵思想と阿頼耶識との結合を図ったものとして注目される。

参考にすべき註釈書・研究書は膨大であるのだが、本書はただ一点、井筒の『起信論』読解に焦点を絞り、『起信論』の論理を読み解くことに専念する。若き日の西田が「一巻読了」と日記に書き残した『起信論』に迫るためである。

3-2　仮名――離言真如と依言真如

井筒は議論を整理するために、「存在論」、「意識論」、「実存意識機能」という三区分を提起する。『起信論』自身がそのように区分したわけではない。『起信論』は始めからそのすべてを同時並行的に、あるいは、むしろ井筒が「実存意識機能」と名づけた「覚（悟り）」と「不覚（迷い）」の問題を中心に語り続けた。

しかしそこに光を当てると、特有の「存在論」や「意識論」が見えなくなる。井筒はそれらの点を哲学的課題として浮き彫りにするために、「存在論」、「意識論」、「実存意識機能（覚と不覚）」と区分した。若き日の西田が注目したのも、そうした『起信論』の哲学の側面であった。正確には、その宗教的教説を根拠づける特有の哲学であったと思われるのである。

まず、井筒は『起信論』が「仮名《けみょう》」から論じ始めている点に注目する（『起信論』「第三段　解釈分、第一章　顕示正義」）。存在論が「言語論」と不可分に論じられる。『起信論』の究極は「言語を超えた」境地である。にもかかわらず『起信論』は、その境地を「真如」と語る。「言語を超えた」境地を「真如」と語ってしまうのである。

では、言語で表現できない境地を、なぜ「真如」という「言（コトバ）」で語るのか。私たち凡人に解き明かすためである。「言（コトバ）」で示さないことには理解が進まないのであれば、仕方がない、言葉に置き換える。「いかに言語が無効であるとわかっていても、それをなんとか使って『コトバ以前』を言語的に定立」する。それが『起信論』の試みである（『意識の形而上学』一三頁）。

＊「真如」が「仮の名」であるなら、「真如」という言葉の代わりに、別の言葉に置き換えても同じか。違う。なぜなら、「それぞれの術語の背景にある言語的意味のカルマが違うから」。たとえ仮名にすぎぬとしても、個々の術語は、その背景をなす文化パタン固有の意味分節体系の中で、そ

れぞれ独自の意味を背負っているから、「仮名」であっても、別の言葉に置き換えることはできない（『意識の形而上学』二七頁）。

しかし「真如」と名づけたとたん、それは（他の一切から区別され）ひとつの「分節単位」となってしまう。ということは、その言葉が言い当てようとした本来の「絶対無分節（無差別性、無限定性、全一性）」を壊してしまう。それ故、「真如」という言葉はあくまで「仮の名」である。あるいは、「無分節」という言葉すら「分節」との間に境界を作る（ひとつの分節単位として固定する）のであれば、「無分節」という言葉も「仮名」に留まらねばならない。

＊　井筒の「分節 articulation」は、区切り・分割し・固定すること。例えば、「言（コトバ）」による分節作用である。区切りのない真相にコトバが分割線を入れ、区切りの世界を創り出し、それを実体と思い込ませる。井筒の用語法で言えば、「無分節の存在リアリティ」がコトバによって分節され、「語の意味形象的差異性によって」、「分節態（意味分節・存在分節）」が見せかけの実体性を得てしまい、無分節のリアリティが隠れてしまう。そこで、コトバの分節態から解き放たれるならば、もともとの「無分節のリアリティ」が現われてくる。『起信論』の言葉では、「一切の諸法は唯《ただ》妄念に依りてのみ差別《しゃべつ》あるも、若《も》し心念を離るれば則ち一切の境界の相《そう》無なればなり」（岩波文庫、二五頁）。私たちの意識の対象として現われるすべてのものは、妄念によって、個々に独

立して存在しているように見えるが、表面の「心念」を離れることができれば、「一切の境界の相（分節態）」は存在しない（同）。

このように『起信論』の極限的境位を「言葉を超えた絶対無分節」と規定した井筒は、しかしすぐに続けて、言葉を超えたこの絶対無分節には、自己顕現への志向性が、本源的に内在しているという。『起信論』の説く「真如」は「言葉を超えた絶対無分節」であるにもかかわらず、そこに留まることなく、言葉の内に顕れ出ようとする。

＊井筒はこの出来事を、宗教的言辞で言えば、「隠れた神」は「顕れた神」にならずにはいられないことと言う（『意識の形而上学』四〇頁）。同じことを、鈴木大拙は「真如はなぜ神秘的な超越性の世界に留まり続けず、様々な不幸が我々に押し寄せているこの地上へと降りてきたのか descend on earth」と言い換えている。そして、この問いは知性では解決できず、最高の悟りに達して初めて実践的に解決される、人生の意味に関わる問いであるという（Daisetz T. Suzuki, 1907, p.113, 佐々木閑訳 2004, 一〇〇頁）。

しかし、その理由は示されない。『起信論』は「忽然念起《こつねんねんき》」とのみ言う。「いつ、どこからともなく、これという理由もなしに、突如として吹き起こる風のように、こころの深層にかすかな揺らぎが起り、『念』すなわちコトバの意味分節機能、が生起してくる」（『意識の形而上学』六一頁）。その理由は示されないのだが、しかし真如は、非現実態から現実態へと次元転換する。その出来事を井筒は、真如が言語的に意味分節される、と哲学的に解き明かそうとする。

＊　『善の研究』が「統一的或者」の「自発自展」と呼んだ出来事の始点の問題。なぜ「統一的或者」は「自展」し始めるのか。『起信論』で言えば、なぜ不変である真如の中に「無明」が生じ、なぜ業識《ごっしき》が始まるのか。『起信論』が「忽然念起」とのみ語った出来事を、井筒は哲学的に「言語アラヤ識」から解き明かす。無分節に内在する〈自己顕現への志向性〉が鍵である（本書一五六頁）。なお、西田も「忽然念起」という言葉を引用している。例えば、「絶対現在の世界」においては「過去も無限、未来も無限」、「過去に出立点があるのでもなければ、未来に到達点があるのでもない、否、唯一の方向と云ふものがあるのでもない。全く応無所住而生其心（金剛経）である、忽然念起（起信論）である」という（「予定調和を手引きとして宗教哲学へ」十巻一〇二頁）。あるいは、アダムの堕罪を「神の自己否定として人間の成立を示すものにほかならない」と語った直後に、「仏教的には、忽然念起である。人間はその成立根元に於て自己矛盾的である」という（「場所的論理と宗教的世界観」十巻三四二頁）

＊＊　『起信論』の説く「真如」は一面において完全に「超越的」である。「言う所の空とは、本よりこのかた、一切の染法と相応せざるが故なり、いわく一切の法の差別の相を離れたれば、虚空の

心念無きを以っての故なり」(岩波文庫、二七頁)。この「空」について鈴木大拙は「勝義諦《しょうぎたい》、あるいは、円成実性《えんじょうじっしょう》といわれる超越的真理は、存在論的視点からは真如 Suchness と呼ばれる」と説き、真如は「染汚なるもの、すなわち、条件づけられたものとは一切関係がない」と説明する。そして『起信論』から「真如の自性は有相にも非ず、無相にも非ず」(岩波文庫、二七頁)を引いて、真如は「存在のカテゴリーにも非存在のカテゴリーにも属さない」と説明する(Daisetz T. Suzuki, pp.100-101, 訳九〇―九一頁)。

真如の双面性

さて、こうした非現実態から現実態への次元転換を前提にして『起信論』は、「真如」を「基本的にはごく簡単な二階層構造」として説く。一方には、言葉を超越した(分節を拒否した)真如、他方には、言葉において語られる(分節された)真如。慣例に倣い小論も、前者を「離言真如《りごんしんにょ》」と呼び、後者を「依言真如《いごんしんにょ》」と呼ぶ。

* 正確には『起信論』に「離言」「依言」の術語は登場しない。『起信論』は前者を「言説の相を離れ」

と語り、後者を「言説に依って分別すれば」と語るのみである。しかし法蔵の『義記』を始め、多くの註解書、現代語訳（例えば、岩波文庫版）、そして井筒もこの術語を使う。

重要なのは、離言真如だけが真如なのではない、という点である。真如は双面性を持つ。「真如の真相を把握するためには、我々は『離言』『依言』両側面を、いわば両睨みにし、双方を同時に一つの全体として見なければならない」（『意識の形而上学』四六頁）。

確かに真如はそれ自体としては、言葉以前（無分節）である。しかし、現実の言葉の世界（分節的世界）と無関係ではない。それどころか、分節的世界は、実はすべて「真如」自身が分節した姿である。言葉以前の真如が、自ら分節する仕方で、現実世界に「名」をもって顕れ出てきた姿。それが個々の多様な存在者である。

真如は、一方では、存在の「無」の極（絶対無分節・無差別・無限定）であるのだが、しかし他方では、その真如が万物を現出させる可能性を秘めている。そう言って井筒は図を提示する（図6）。

＊　この図の原モデルとして井筒は、村上専精『起信論達意』（哲学書院、一八九一年）に言及している。『起信論』は、ある時はAのみを真如と認め、Bは「妄想」の所産にすぎないと言う（以後、α理解と呼ぶ）。ところが、別の場面では、Bも「真如」と認める（以後、β理解と呼ぶ）。正確には、現

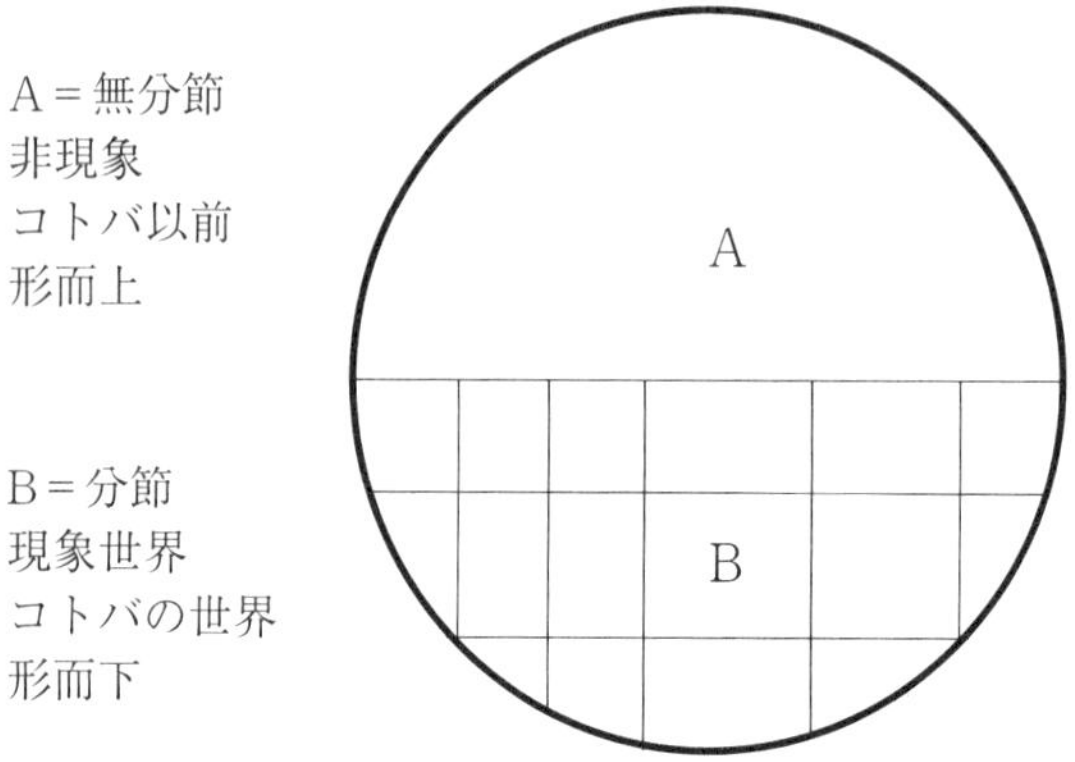

図6　『意識の形而上学』49頁

象世界Bを、Aの自己分節の姿と理解し、AとBとの双面的な全体こそ全一的真実在としての真如であると覚知するなら、Bは妄念の所産ではなく、「現象的存在次元において働く真実在それ自体」となる（『意識の形而上学』五〇頁）。後者の（Bも真如と認める）真如理解を『起信論』は「如来蔵」と呼ぶ（岩波文庫、二九頁）。衆生（現実世界）が「仏となる潜在能力」を持ち、衆生がそのまま真如の顕れである。

言い換えれば、「現象世界B」が二重の意味を持つということである。ひとつは〈妄想の所産〉にすぎないという貶《おとし》められた意味（α理解）、もうひとつは〈真如そのものの顕れ〉という貴く高められた意味（β理解）。

＊　以後、「α理解」と「β理解」との双面性は形を変えて何度も登場する。二つの異なる理解であるにもかかわらず、両面が、互いに矛盾し合い

ながら「一体化」する。「一に非ず異に非ず」、合致するわけではないが、別々でもない。

＊＊　こうした真如の双面性を、鈴木大拙は「真如」の「自己肯定」の二様式と説明する。前者（α理解）では、真如がBを排除することによって自己を肯定するのに対して、後者（β理解）はBも含めて肯定する。Bも含めた真如の自己肯定。真如が自分を肯定した時、「それは、自己を否定することによって自己を肯定したことになる affirmed itself, by negating itself。すなわち自分が無明すなわち個別化の原理によって条件づけられているということを認めることによって、肯定したということになる」（Daisetz T. Suzuki, p.117, 訳一〇三頁）。自己否定を介した自己肯定。こうした大拙の理解が西田に影響を与えた、あるいは、こうした理解こそ若き二人に共有されていたと思われるが、記録としては確認できない。後に「離言真如」と「依言真如」との関係において「絶対即相対」の論理を検討する際に、詳しく見る（第Ⅱ部第四章）。

同じことを「真如」の問題として言えば、真如は、一方においては、いかなる名によっても捉えることができず、一切の分節を拒否し、顕現しない（非現象態）。にもかかわらず、他方で、真如は、自らを分節する仕方で現象世界の中に現われている（現象態）。

重要なのは、こうした真如の現象態と非現象態とが「対立」すると同時に「両立」するという点である。『起信論』は、一方では、この対立を際立たせ、真如を完全な「非現象態」として、「妄念の所産」である現象世界から峻別しながら（α理解）、他方では、その対立を解消してしまい、現象態（B）の内に非現象態（A）を見る（β理解）。つまり現象態（B）を非現象態（A）の顕在化した姿と見ることによって、両者を重ね合わせ、その双面的な全体こそが真如であると説く。「真如は二岐分離しつつ、別れた両側面は根源的平等無差別性に帰一する」（『意識の形而上学』一六頁）。

井筒はこうした「双面性」を、しばしば達人の眼を借りて説明する。現象態と非現象態との双面的な全体を見通すことのできる「二重の見」。事の真相を「『非同非異』として、そのまま同時に見通すことのできる人、そういう超越的綜観的覚識を持つ人こそ、『起信論』の理想とする完璧な知の達人（いわゆる『悟達の人』）なのである」（『意識の形而上学』一七―一八頁）。

3-3　心真如と心生滅

さて、ここから話は「心（シン）」に入る。同じ二重構造が今度は「心生滅《しんしょうめつ》」と「心真如《しんしんにょ》」の関係として語り直されてゆく。コトバの問題（存在の問題）ではない。「意識」の二重構造。『起信論』における最も長く複雑な箇所である（第三段、第二門）。

井筒は「意識論」と呼ぶ。そして「衆生心」、「汚れと清浄」、「心生滅の双面性」、「心真如の双面性」という四つの場面を設定し、それぞれの二重構造を語る。同じ「双面性」が異なる場面において、異なる関係性（次元転換）として解き明かされてゆくのである。

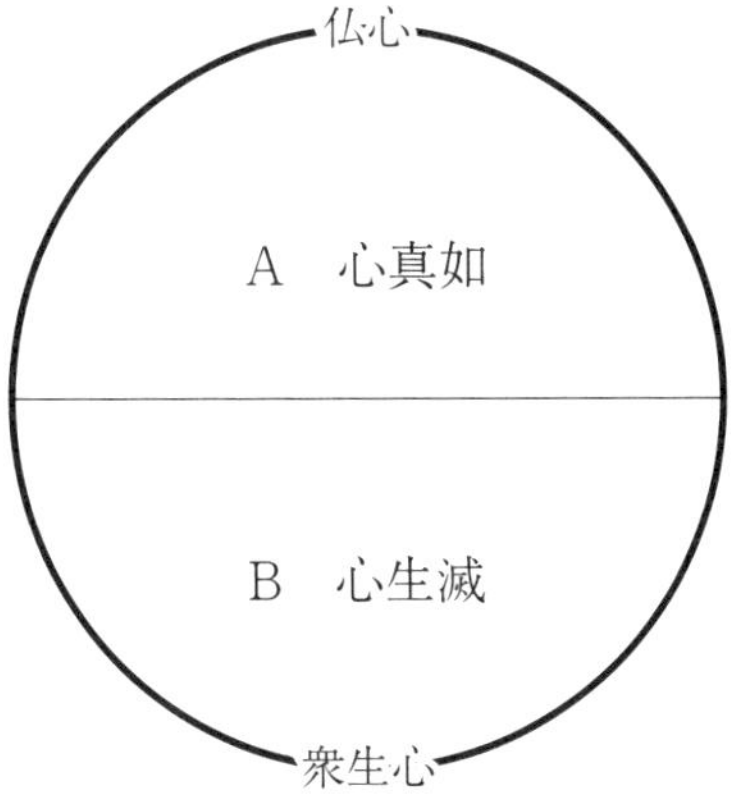

図7　『意識の形而上学』77頁の図により作図

＊井筒によれば、『起信論』の「意識論」は始めから「存在論」の中に入り込み、「意識」の介入しない「有」は始めからあり得ないと理解している（『意識の形而上学』六二頁）。とはいえ、この「意識」は「我々個々人の個別的な心理機構ではなくて、超個人的・形而上学的意識一般」、「（昔風の人なら宇宙的意識とでもいうだろう）」ともいう（同、六五頁）。それに対して、「覚と不覚（実存意識の問題）」は個人の意識を扱う。それ故、井筒は「意識論」と「実存意識」とを区別するのである。

衆生心の双面性

井筒はここで先と同じ形の図を示す（図7）。しかし、今度は「心真如」と「心生滅」との関係である。「心真如A」は凡人の意識から区別された清浄心（大拙英訳では the soul as suchness）であり、「心生滅B」は凡人の日常意識（大拙英訳は the soul as birth-and-death）である。

この図で注意を要するのは、「仏心」と「衆生心」との位置である。「衆生心」は心生滅の最底部に配置されている。しかしそれだけではない、この「衆生心」は、AとBとを包括した円周も指している。「衆生心」はA領域とB領域との全体を含むのである。『起信論』は「衆生心」を「一切衆生包摂的心」という。「この心は、則ち一切の世間法と出世間法を摂《しょう》す（衆生心はあらゆる存在者を包摂する）」（『大乗起信論』岩波文庫、二三頁）。

ところが図で見る通り、その円全体は「仏心」でもある。同じ全体が仏心でもあり、衆生心でもあり、区別がない。しかし他方では、やはり「衆生心」は「心生滅（凡人の日常意識）」に属している。B領域に属している。

＊　玉城康四郎によれば、『起信論』は私たち自身の心を問い、「私たち自身の心を問うことが、そのまま大乗の世界の開示になる」。重要なのは、私たち自身が「衆生心」であるという点。衆生心とは私たちが現に生きている現実の心である。現実の心から出発し、その心を究明することによって大乗の世界を開示しようとする（玉城康四郎 1975）。なお、井筒は「衆生心」について「一般大衆の心とでも訳せそうな」と書き残している（『意識の形而上学』五九頁）。

ということは「衆生心」も双面的なのである。一方では、〈心真如Aではない、心生滅Bに属している〉（α理解）、他方では、〈AもBもすべてを包摂している〉（β理解）。その両面が不思議な仕方で融合している。「一にも非ず、異にも非ず」、自己矛盾を抱えたまま「一体化」している。

しかも単に心生滅（B）が心真如（A）と合致するのではない、「B領域の最下端がA領域の最上端と、自己矛盾的に、合致する」。井筒は明確に図における「仏心」と「衆生心」とが、「意識の頂上とどん底であって、両者は遠く隔たっている」という。にもかかわらず、両者が、自己矛盾的に、合致する。普通の平凡な私たちの意識が、そのまま仏心と、「一にあらず異にあらず」という自己矛盾的関係で結ばれている（『意識の形而上学』八一頁）。

* こうした井筒の理解は後期西田の「逆対応」の論理と重なり合う。しかし井筒による言及はない。井筒は当然、西田を視野に入れつつ、直接的には鈴木大拙の『起信論』理解に依っていたものと思われる。井筒と鈴木大拙との関係については以前少しだけ触れたことがある（拙著『無心のダイナミズム』岩波現代全書、二〇一四年）。

「汚れ」と「清浄」

第二は「清浄と汚れ」という対概念である。『起信論』は、「心真如A」を「浄」と呼び、「心生滅B」を「汚」や「染」と呼ぶ。井筒は「分裂的汚染態」とも呼ぶ（『意識の形而上学』一一二頁）。図7の上下とは逆転してしまうのだが、〈表面の汚れた現象界〉に対する〈深層の透明な清浄性〉というメタファーである。

『起信論』は一貫して、表面は汚れていても深層は清浄のまま保たれると説く。重要なのは、表面と深層とを区別するのみならず、深層（心真如）の清浄性が、表面（心生滅）の只中にあっても保たれるという点である。「意識の形而上学的本体は、生滅流転する現象的形姿の境位にあっても、その源初の清浄性（＝非現実的、絶対無分節的、超越性）をいささかも失わない」（『意識の形而上学』八四頁）。

『起信論』の言葉では、「若《も》し心念を離るれば則ち一切の境界の相《そう》無なればなり」（岩波文庫、二五頁）。表層の「心念」を離れるならば、「一切の境界の相（分節態）」は存在しない。深層は分節の汚れに染まっていない。「汚れた現象界」の只中にあっても、「透明な深層界」は清浄性をそのまま保持しつつ存在する。井筒の言葉で言えば、「形而下的存在界の只中に、形而上学的絶対性における『真如』が、その無分節的本性を保持しつつ、厳然と存立している」（『意識の形而上学』八六頁）。

あるいは、「AがそっくりそのままBに転成する」とも言う。清浄な心真如Aがそっくりそのまま汚れた心生滅Bに転成する。むしろ井筒によれば、そうした特殊な転成プロセスを構造化するために、『起信論』は「Aの本体なるもの」を「自性清浄心」として想定したのであって、Aは現象世界に顕れるとすっかり姿を変えるが、しかしその本体は無傷のまま残る。姿は変わるが「本体（自性）」は変わらない。『起信論』が「三大（「体大」「相大」「用大」）」と呼ぶ「現象界における『真如』に特有の在り方」である。

＊「体大」の「体」は本体、変わることのない真如の本体そのもの。「相大」の「相」は属性。現象界における真如Bには、Aにおいては存在しなかった多様な様相が現われる。絶対無分節の真如が、瞬間ごとに形を変えながら、多様に結び合う現象世界である。「用大」の「用」は機能。ものの属性（相大）が外面に発動して示す根源的作用をいう。

「心生滅B」の双面性

第三に「心生滅」の双面性が語られる。先に見た通り、『起信論』は、（一面において）現象世界を否定的に見る（α理解）。現象世界は「妄念から立ち上がってくる虚像」にすぎない。意識が言葉の分節機能を通して区切って見せるているだけ。「いわゆる客観的事物の世界は、悉《ことごと》く分節意識そのものの自己顕現に過ぎない。だからそれを外側から眺めている認識主体（＝心）は、結局、自分で自分の姿を眺めているに過ぎない」（『意識の形而上学』九二頁）。

にもかかわらず、（他面において）現象世界のすべての事物はそのまま、真如の顕れとして肯定される（β理解）。すべての事象は「心真如の自己分節態」である。すべての現象の中に心真如が存立している。井筒は、心真如が、すべての事物の中に「万物の究極的な原因として」、「本体的に」存立しているという。

先の「汚れ」と「清浄」との対比と重なる。「心生滅B」は、「心真如A」と対立的に理解される時、虚妄や汚れとして否定的に理解され（α理解）、他方、「心真如A」の顕れとして理解される時、「如来蔵」としてそのまま肯定される（β理解）。後者の場合、分節の機能は創造性となる。真如の清浄を汚すのではなく、むしろ心真如の顕れを可能にする創造の機能として肯定される。「心真如から、意味分節意識の創造性の働きによって、存在分節単位としての『有』が顕れ出てくる」というのである（『意識の形而上学』九三頁）。

「心真如A」の双面性

第四に、「心真如」も自己矛盾的な双面性を持つ。心真如Aは、一方では「空《くう》（空である）」と語られ、他方では「不空（空ではない）」と語られる。『起信論』は前者を「如実空」と呼び、後者を「如実不空」と呼ぶ（岩波文庫、二七頁）。

一方で、心真如は、一切の意味分節から無縁であるから「空」である。「言うところの空とは、本よりこのかた、一切の染法相応せず。いわく一切の法の差別の相を離れ、虚妄の心念無きを以ての故に」（同）。

＊ 大拙英訳は、（井筒が「分節」と呼ぶ）「染」を「染汚《ぜんま》なるもの、すなわち、条件づけられたもの things defiled [i. e., conditional]」と訳し、真如は、現象世界の識別 all signs of distinction に縛られず、特殊化する意識 particularizing consciousness からも独立していると説明する。真如はいかなる限定も拒む。「これである it is」とすら言うことができない、なぜなら「これである」という時、既に「これではない which is not」という対立項が想定されているから、相対的な言葉は対立項がないと理解できない。したがって「そうではない」という否定的表現が唯一可能な表現であるという（Daisetz T. Suzuki, *Outlines of Mahâyâna Buddhism*, p.101、訳一一七頁）。

『起信論』は「もし妄心を離るれば」ともいう。「もし妄心を離るれば、実には空ずべきもの無きが故なり」（岩波文庫、二九頁）。分節意識が働かなければ、否定すべきものは何もない。存在単位を切り出す作業が止むならば、そもそも分節態が成り立たないのであるから、否定すべき（空ずべき）

ものは何もない。

興味深いことに、井筒はこの文章を、「もし妄心を離るれば、実には空ずべき〔空〕も無し」と読む。「空」そのものすら始めから無かった。「本来的には、空ずべき何ものも無い、いや、『空』そのものも無いという、まさにそのことが、ほかならぬ『空』なのである」（『意識の形而上学』九八頁）。

そして荘子の「無」字を三つ重ねた独自の表現に言及する。「『有』の全てを一挙に『無』化してしまう、その『無』すら『無』化しようとした、あの知的冒険」（同）。「妄心（分節意識）」が働かなければ、そこには「空ずべきもの」が無い、それどころか「空」そのものすら無い。

にもかかわらず、他方で、『起信論』は直後に正反対に向かう。現象世界の「有」を否定して（α理解）終わりではない。まったく逆に、「有」を「心真如」そのものの自己分節として、そのまま肯定する（β理解）。井筒はこの出来事を、現象世界の事物がすべて心真如の中に、潜勢的に伏在していたと説明する。伏在していたものが、現勢化する。心真如の中に、元型的あるいは形相的に潜在していたものが、現勢化する。

「すべて原因されたものは、自己の源泉としての原因の中に、初めから存在していたという大原則によって、現象的有は、すべて究極的原因としての心真如の中に、初めから不可視の存在可能態において、潜勢的に、伏在していると考えられる」（『意識の形而上学』一〇〇頁）。

つまり、現象は「原因されたもの（何かの原因によって生じてきたもの）」であるから、原因の中に潜勢的に伏在していたものが現勢化して現象が生じる。「自己分節する」とは「現勢化する」ということなのである。

では、なぜ真如は現勢化するのか。『起信論』は答えない。（先にも見た）「忽然念起」と語るのみである。真如は自ら「顕れ」ようとする。あるいは、その「顕れ」の結果として現象世界が存在しているのであれば、帰結から逆算して、真如の〈自己顕現への志向性〉を前提にせざるを得ないということである。

＊ 玉城は、真如の「如実空」の側面を「絶対無関心」と呼び、「われにかかわらぬ真如の根本性格」という。しかしそれだけではない。真如は、「それが心生滅に現われてくる段階において、絶対無関心のみとは別の特徴を指摘しうる」。「われ」に働きかけ、薫習し、発心修行せしめる。我々の心にこうした真如が働くことによって我々（衆生心）が信を起こす（玉城康四郎 1975, 一六一―一六七頁）。その出来事を、井筒は哲学的課題として、真如（無分節）の自己分節による現象世界（分節）の成立と読むのである。

もう一点、興味深いのは、『起信論』がこうした心真如の肯定的側面を「不空（空ではない）」と呼んだ点である（β理解）。井筒はこの「不空」を心真如の「限りない豊饒」と解き明かす。心真如は「その形相的存在可能性において」無限に豊かな「有」を包蔵している。そして（驚いたことに）こうした真如の側面を「言語アプリオリ的分節空間」と呼ぶ。つまり、「不空」の内に伏在すると想定された「形相的存在可能性」を「言語アプリオリ的意味分節」と理解するのである。

＊ この「言語アプリオリ的意味分節」と、井筒が「言語アラヤ識」と呼んだ「コトバの存在喚起的エネルギー」との関連は検討を要する。どちらも人間の深層意識における「意味生成のエネルギーの現場」に関わることは確かであるとしても、「言語アラヤ識」が「遊動的で、不断に姿を変えてやまぬダイナミックな意味エネルギーの流れ」、あるいは「何らかの漠然たる方向に向かって凝集していこうとしている意味エネルギーの傾向性」であった（拙著『東洋哲学序説 井筒俊彦と二重の見』第五章3「言語アラヤ識」）のに対して、この「言語アプリオリ的意味分節」は、ひとつのシステムを備えた構造体と説明される。前後も含めた井筒の文章を引く。「あらゆるものが、そこにある。ギッシリ詰まったイデア空間、言語アプリオリ的空間とでもいうべきか。このアプリオリ的意味空間から外にはみ出すものはなく、外から入ってくるものもない。全包摂的全一性において、一切が永遠不変、不動」（『意識の形而上学』一〇一頁）。つまり、「全包摂的全一性」の自己分節とは、形相的に潜在していたものが現勢化すること。その意味において、心真如は「限りない豊饒」であり、空ではない。

こうして「心真如」は、その深層において、空と不空という相矛盾する二側面を持つ。相矛盾する二側面が、本来的には、ただ一つの心真如自身の「自己矛盾的真相＝深層」に他ならない。そしてそれと呼応して、「心生滅」も相矛盾する二側面を持っていた。

3―4　アラヤ識――心真如と心生滅との和合

ところで『起信論』には「アラヤ識」という言葉が登場する。アラヤ識は「心真如A」と「心生滅B」とを仲介する。これまでの考察が、AとBとを区別した上で両者の関係を見てきたとすれば、今度は、AとBとの入り乱れた「アラヤ識」という場を「M」として設定する（図8）。『起信論』はこのM領域（アラヤ識）を「和合識」とも呼ぶ（岩波文庫、二九頁）。

重要なのは、この中間領域において「Aが転じてBになる」という点である。M領域は、真如の「一」が多様な現象に転ずる場所なのである。

何度も見てきた「否定」と「肯定」との双面性で言えば、「アラヤ識M」は、一方では（Bを汚れと見て）清浄な真如が言葉の分節によって「汚れる」場所であり（α理解）、他方では（Bを真如の顕現と見て）、真如の自己顕現が開始さ

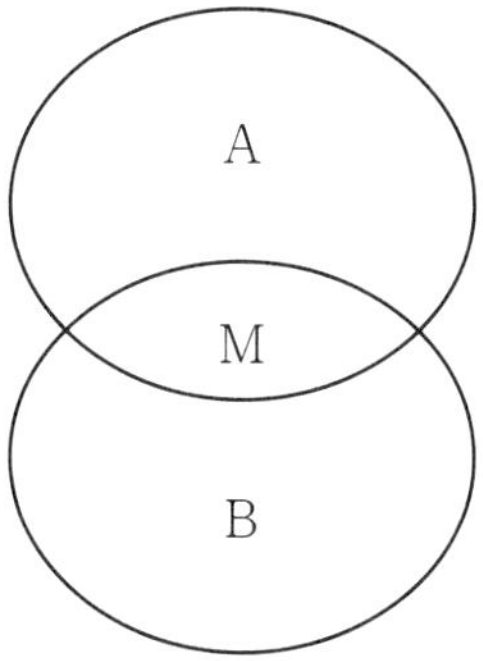

図8　『意識の形而上学』107頁の図により作図

れる始点ということになる（β理解）。いずれにせよ、この中間地帯においては、心真如と心生滅との関係は流動的であって、これまでのように明確には区別されず、むしろ不断に相互転換している。そこで『起信論』は「不生不滅と生滅と和合して、一に非ず異に非ず」という（岩波文庫、二九頁）。一に非ず異に非ず。M領域（アラヤ識）において「心真如A」と「心生滅B」とは、合一するわけではないが、明確に区別されるというわけではない。「非一非異」として結ばれている。

ここで井筒は、唯識思想との違いに言及する。唯識思想の「アラヤ識」がB領域にのみ関わっていたのに対して、『起信論』の「アラヤ識」はAとBとの両方に跨っている。

唯識における「アラヤ識」は完全に「妄識」である。A（無分節領域）とは接点がないから、AからBに向かって動き出す出来事もない。それに対して『起信論』の「アラヤ識」は、A（無分節態）とB（分節態）の両方（「心真如」と「心生滅」との両領域）に跨り、その両領域を「一つのフィールド」の中に包摂し、両者を綜観的に一つの全体として」見ようとする。そこで、〈AからBに向かう動き〉が重要な関心事になる。「真」が「妄」に向かって起動する、その動き出す場所が『起信論』の「アラヤ識」である（『意識の形而上学』一〇六頁）。

＊　正確には、井筒は「広義のアラヤ識」と「狭義のアラヤ識」とを区別する。広義の「アラヤ識」は、如来蔵と、狭義のアラヤ識とに分かれる。現象界BをAの汚れとみる時（α理解）、M領域は「妄念」への第一歩となり、それが「狭義のアラヤ識」である。それに対して、現象界BをAの自己

分節としてみる時（β理解）、M領域は「如来蔵」というポジティブな性格を帯びる。そして、まさにそうしたその二つの理解が「不即不離（非一非異）」である、と『起信論』は説く（『意識の形而上学』一一一頁）。

ここに「言語アラヤ識」が登場する。井筒は「アラヤ識」を「元型的意味分節の網目」と理解する。既にアラヤ識において「分節の網目構造」が含まれている。分節はアラヤ識を通過した後に加わるのではない。既にアラヤ識という中間地帯において、「元型的な分節」が生じている。「元型的意味分節の網目」、あるいは、「先験的意味分節のシステム」。

＊ 井筒は「言語アラヤ識」の領域を、唯識哲学に即して、「人間の心的・身体的行為のすべてのカルマ痕跡を意味イマージュ化した『種子』の形で蓄積する下意識領域」と説いた。あるいは、「意味的『種子（ビージャ）』が『種子』特有の潜勢性において隠在する場所」、「大体において、ユングのいわゆる集団的無意識、あるいは文化的無意識の領域に該当し、『元型』成立の場所である」（『意識と本質』二一五頁）。ユング心理学との関連など、慎重な検討を要する。

井筒はこう解き明かす。

全ての形相的意味分節単位は、それぞれ存在カテゴリーであり、存在元型であって、「アラヤ識」はそれら存在カテゴリー群の網羅的・全一的網目構造なのである。現象的存在分節の根源的形態が、この先験的意味分節のシステムによって決定されているのだ。現象的「有」の世界（＝B）の一切は、この元型的意味分節の網目を透過することによって次々に型どられていく。

（『意識の形而上学』一〇九頁）

「心真如A」と「心生滅B」を区別して見ている限り、分節は、B領域に至って初めて始まるのだが、ここでは既に「アラヤ識M」自体が「元型的意味分節」と理解され、その分節の網目（分節システム）を透過することによって、M領域において、既にある種の分節を受けている。

＊この点は、第Ⅱ部第二章末尾で見た、「思惟が純粋経験を把握する」可能性にとって示唆的である。現象世界（B領域、言語世界・思惟世界）において初めて「意味分節」が生じるのではない、Bとなる以前の中間領域において既に「元型的意味分節」が成り立っている。ということは、思惟と対比的に理解された純粋経験の中に、既に「意味分節」が元型的に含まれている。思惟はその既存の「分節」を開陳するということになる。

3-5 覚と不覚——迷いと悟りの実存意識

さて、ここから話は「覚」と「不覚」に入る。「迷いと悟り」の問題。井筒は「実存意識の倫理的問題」と呼ぶ。むろん『起信論』は最初から一貫してこの問題を語っているのだが、井筒は（先にも見た通り）話を整理するために「存在論」、「意識論」、「実存意識機能」と三区別し、「覚と不覚」を「実存意識」の問題として独立させた。不覚（迷い）から覚（悟り）に向かう実存意識。「心真如と心生滅」が形而上学的構造であったとすれば、「覚と不覚」は心理的（実存的）問題である。

井筒は、「覚と不覚」において「アラヤ識」が「いきなり前面に躍り出てくる」という（『意識の形而上学』一一八頁）。先に見た（心の構造としての）「アラヤ識」が「中間者・媒介者」であったのに対して、ここでは、アラヤ識の内部の相反する働きが（読み手の・当事者の）「覚」と「不覚」という切実な対立として意識の前面に出てくる。

井筒は、図を提示しながら次のように「アラヤ識の動き」を解き明かす（図9）。アラヤ識はBからAに向かい、Aの極限に到達し、絶対無分節である「自性清浄心」を体験する。しかしそこに留まらない。

アラヤ識は、「そのままひるがえってBの方向に向かい、A・Bの両方を無差別的に、全一的に、

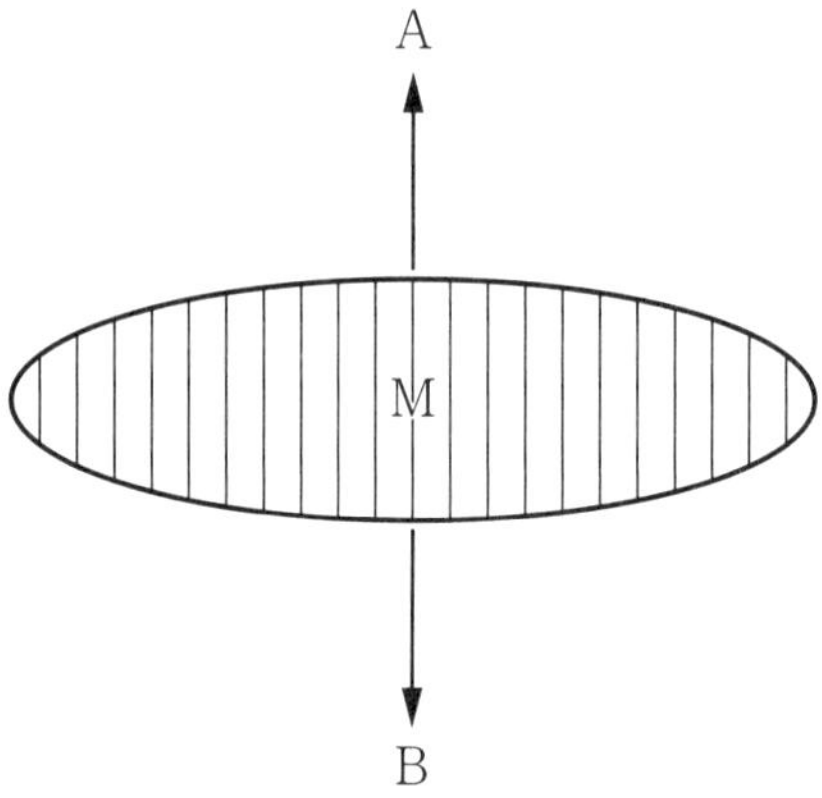

図９　『意識の形而上学』122頁

綜観する境地に達さなければならない。というよりも、むしろ、Ａの道の窮極に達することが、同時にそのままＢへの道を窮め、Ｂの真相を覚知することになるのでなければならない。そのような意識状態が実存的に現成したとき、それを『覚』というのである」（『意識の形而上学』一二三頁）。

つまり、Ａのみが「覚」なのではない。「Ａ・Ｂの同時的覚知」が「覚」である。「Ａへの道を窮めることが、そのままＢの真相を把握する」こと、「Ａ・Ｂ両領域を、そっくりそのまま、本然的無差別性において覚知している状態」。それを「覚」と呼ぶのである（『意識の形而上学』一二五頁）。

不覚の形成

では、「不覚（迷い）」とはどういうことか。『起信論』は「根本不覚」と「枝末不覚」とを区別する。「根本不覚」

は根本的無知（無明）。それに対して「枝末不覚」は認識論的に主客対立を設定してしまうこと。現象を心の外に実在する客観的世界と考え、妄念の所産にすぎない外的世界を、真実在の世界と誤認する意識の在り方をいう。

＊　後者の「不覚」形成プロセスを解き明かすのが「三細六麁《さんさいろくそ》」である。「三細」は三種の微細な深層意識的機能。「六麁」は六種の粗大な表層意識的機能。アラヤ識がいかにして妄念に囚われてしまうか、本来持っている「自性清浄心」をいかにして失ってしまうか。

井筒も『起信論』に沿って九つの段階を順に見ているのだが、ここでは第一「業相《ごっそう》」のみ見る。「妄念」の起点、根本的無知のためにアラヤ識が「念」として働きだす最初の場面。「不覚に依るを以ての故に、心の動ずるを説いて名づけて業となす」（岩波文庫、三七頁）。

なぜ、念が動き出すのか。例の「忽然念起《こつねんねんき》」である（本書一一五、一三三頁）。井筒は、「普通一般の人の立場からすれば、ただ何となく、何の理由も原因もなしに、自発的に、心が動き出すのだ、とでもいう他はないだろう」と述べた後に、「『アラヤ識』を構成する言語意味的アプリオリそのものの本性的存在志向性に促されて」と説明を試みる（『意識の形而上学』一三三頁）。

それは何かが「認識される」という出来事ではない。まだ主体も客体もないから「認識」という出来事は成り立たない。誰かが何かを意識するのではない。ただ何かが「存在志向性に促されて」

生起する。アラヤ識を構成する「言語意味的アプリオリ」に含まれる自己顕現への志向性に促されて何かが生起する。外から何かが入ってくるのではなく、外にはみ出すのでもない。一切が永遠不変の「アプリオリ的意味空間」に内在する〈志向性〉に促されて、何かが生起するというのである。

　こうして「念」が動き出す。「見る主体」と「見られる客体」とが生じ、「妄念」が生じる。「見る主体」が任意に区切ったにすぎない現象を客観的実在と見誤る。そして「名」によって固定される。一旦名がつくと「現象的存在は、本来の生き生きとした浮動性を失って、ひとつの枠に膠着してしまう」（『意識の形而上学』一四〇頁）。『起信論』が「計名字《けみょうじ》相《そう》」と呼ぶメカニズムを、井筒は「名の存在凝固力」と言い換える。「名によって固定され、特殊化され個別化され、言語的凝固体群となるとともに、情念は我々の実存意識に対して強烈な呪縛力を行使し始める」（『意識の形而上学』一四二頁）。

＊　『起信論』は、「無明の薫習《くんじゅう》に依りて起こさるる識」が凡夫には理解不能と繰り返す。なぜなら、心（衆生心）は清浄であるのに、同時に無明に汚され「染心《ぜんしん》」となり、しかも「染心」でありつつその真実の在り方（真如）はそのまま変わらないとは、常識的な理解を超えているからである。心の本性（心真如）は「不変」であるが、衆生にはその「不変」が理解できず、「一法界に達せざるを以ての故に、心に不相応にして、忽然として念の起るを、名づけて無明と為せばなり」（岩波文庫、四五頁）。宇井伯寿・高崎直道訳は、「心の本性がものの根元としてすべてに同一である（一

法界）ということを体得しない（不達）ため、まだ心が主客に分かれる以前に、刹那ごとの心の動きと対応することなくより微細な相をもって（心不相応）、いつ始まったともわからないが（忽然＝無始）、心の動き（念）が起る」と解き明かす（同、二一〇頁）。つまり、「忽然念起」は時間的に突然起こるという意味ではない。無明に「始めがない」、無明の「辺際は知られない」ということである。では、「真如に無明が内在していた」ということなのか。もし内在するなら無明も真如と同様に常住となり、無明が消え去ることはないのかなど、「無明無始」に対する批判は古来「六難」として整理されてきた（平川『仏典講座二二』一一六—一一七頁）。井筒はこの問題を「アラヤ識を構成する言語意味的アプリオリそのものの本性的存在志向性」の問題として受け取り、哲学的に解き明かすことを試みたということである。

不覚の自覚

しかし、そのまま固定するわけではない。『起信論』の説く不覚は、絶えず変動し、覚との間に柔軟な関係を保っている。不覚とは、自己本来のあり方から逸脱し、しかもそれに気づかずにいること。ところが何かの機会に不覚の自覚が起こる。実は本覚が、常に不覚の人々に向かって「信号を送り続けている」からである。その信号が心の琴線に触れると、人は自らの不覚に気づく。そして戻ろうとする。『起信論』は「始覚《しかく》」と呼ぶ。
しかし「始覚」はこの最初の一歩だけではない。覚に向かう修行プロセス全体を意味する。そしてその修行の終局目標を「本覚《ほんがく》」という。本覚へと向かって不覚から離脱する。始覚の内に「覚」へと向かう志向的衝迫が潜在していると見るのである。

この出来事を井筒は、「本覚」の側から次のように解き明かす。『起信論』の語る「覚」は、アラヤ識の出来事としての「覚」であって、「心生滅（現象界の妄染）」の只中に投げ込まれている。「覚は、覚でありながら、現実には不覚としての姿を取って働く」（『意識の形而上学』一五七頁）。汚れた形においてのみ活動する（汚れた形（不覚）と結びついた本覚を『起信論』は「随染本覚《ずいぜんほんがく》」と呼ぶ）。

ところが『起信論』は、他方で、「本覚」だけを洗い出すという。始覚修行の浄化作用によって、不覚の中に埋もれた本覚から「本覚」を洗い出す。なぜなら本覚は表面的には汚れていても、深層的には、本来の清浄性をそのまま保持しているから。そして有名な「風に騒ぐ海」のイマージュを語る。風につれて海面は波立つ時、風と水は一緒に動く。風が吹きやむ時、海面の動きはやむ。しかし「水」でなくなるわけではない。「水」の本性は、風が吹こうが吹くまいが変わらない。「本覚（水）」も同じである。「不覚（風）」の只中にあっては「不覚」と一緒に動くが、「本覚（水）」の本性はいささかも変わらない。風（無明の風）がやみさえすれば、直ちに本来の姿で顕れてくる（『起信論』は「性浄本覚《しょうじょうほんがく》」と呼ぶ）。

表面は汚れていても深層は清浄のままに保たれる。「心真如」の清浄性（超越性）が「心生滅（現象界）」の只中にあっても保たれたのと同じ構造である。あるいは、実在を現象の只中に見つつ、しかし「実在」の超越性は保持されるという「現象即実在」の議論と同じ構図であったことになる。

＊久松真一は修行について、「真と妄の区別ができなかったら、修行は可能にならない」、しかし、それでは真如を「向こう側」におき、区別を立てることになるという。「すべてのものは真如に外ならぬ、真如平等ということがわかった時には、今までの生滅の世界というものは、自ら消え去ってしまう」（久松真一 1983, 一〇八頁）。そこで、「不覚から始覚になる時があったら、それは始覚ではない」。始覚や不覚はあくまで生滅の側から言われる。実は、始めも終わりも無いのが本覚の覚である。したがって、「今まで悟っていなかったが、今初めて悟ったという言い方は、真実ではない。本来、覚と不覚との別はないというのが、本当の言い方である」という（同、一一一頁）。

薫習

ところで「覚と不覚」との相互関係について『起信論』は「薫習《くんじゅう》」を説く。『起信論』が「真如と無明」との関係として説いたメカニズムを、井筒は、個人の実存の在り方に関わる事態と理解し、「覚と不覚」との関係として解き明かしている。

「薫習」とは影響を与えること、薫習する側（「能薫」）が薫習される側（「所薫」）に働きかけ、影響を与える。例えば、無明aが真如bに薫習し、「業心（妄心）c」を惹き起こす。ところが『起信論』は、その逆、「反薫習・逆薫習」も認める。単なる「作用・反作用のフィードバック」ではない。「aがbに薫習し、cが生起すると、同時に反転して、自己の原点であるaに『逆薫習』し、その結果dを生み、そのdが新しい『能薫』となって作用し始める、という複雑なジグザグ形のコース」（『意識の形而上学』一七三頁）。

無明aは一方的に「薫習する」だけではない。無明が「薫習される」こともある。無明が真如bから薫習される。この点に井筒は、唯識思想との大きな違いを見る。唯識思想では「能薫」と「所薫」とが交替することはありえない。「薫習する」のは常に無明である。無明が真如から薫習されることはありえない。唯識思想における「アラヤ識」は完全に「妄識」であるから、「アラヤ識」の中に「真如」が登場することはない。まして「真如」が薫習するなどということはありえない。

それに対して、『起信論』は、真如bが無明aを薫習する可能性を見る。「能薫」と「所薫」が入れ替わる。『起信論』自身の用語で言えば、「染法薫習」は無明aが真如bを薫習すること、「浄法薫習」は真如bが無明aを薫習すること。前者が「不覚（迷い）」の生じるプロセス、後者が「覚（悟り）」へと向かうプロセスである。

しかし、井筒はその宗教的実践には立ち入らない。むしろそこに提示された構造を哲学的に理解し、例えば「覚（悟り）」へと向かう「浄法薫習」を「形而上学的本源」に還る道程と読む。「『起信論』のテクスト上では、全体が精神的・宗教的修行の段階的進展として叙述されているが、哲学的には、一切の現象的（＝妄象的）存在者が、それら全ての形而上的本源に還帰する道程として理解さるべきものである」（『意識の形而上学』一七八頁）。

＊『起信論』は「止観」を説く。玉城康四郎は「止」の実践を「否定から否定への連続」と理解し、その重要性を認めた上で、しかしその「否定」が「自己発動の（能動的な）否定」とのみ理解されることに異議を唱える。そして、「絶対否定の完結が得られるのは、ただ真如自体が発現する時のみであろう」という。つまり方向が逆転し、（私が）否定するのではなく、真如の発現を自覚する中で否定が成就するというのである。玉城は前者を「能否定」、後者を「被否定」と呼び、「能否定は被否定において初めて満足をうるであろう」という（玉城康四郎 1975, 一七二―一七三頁）。

3-6 『起信論』が提起した哲学的問題

さて、井筒は「『起信論』が提起した哲学的問題の可能性」を追うべく、『起信論』を哲学的に読むと述べていた。では、いかなる哲学的問題を追究したのか。

一、存在論、とりわけ言語論と不可分に結びついた存在の問題

『起信論』は「言語を超えた」境地を「真如」と語った。「言（コトバ）」で表現できない境地を「真如」という「言（コトバ）」で語る。むろん凡人に解き明かすためであるのだが、しかし「真如」と名づけたとたん、それは（他の一切から区別された）ひとつの「分節単位」となり、本来その言葉が言い当てようとした「絶対無分節（無差別性、無限定性、全一性）」を壊してしまう。それ故、「真如」という言葉はあくまで「仮の名」に留まる。

井筒はこの問題を「無分節」と「分節」との関係（次元転換）と理解する。「無分節」から「分節」が生じてくる出来事（心真如の自己分節の出来事）。では、なぜ「無分節」である心真如の中に「分節」へと向かう動きが生じるのか。『起信論』が「忽然念起《こつねんねんき》」と語った問題である。井筒は無分節の中に〈自己顕現への志向性〉を見た。あるいは、心真如の中に元型的・形相的に潜在する「言語アプリオリ的意味分節」を見た。正確には、「アラヤ識」を「元型的意味分節の網目」と理解することによって、人間の深層意識における「意味生成のエネルギーの現場」を、「言語アラヤ識」の出来事として提示したのである。

二、認識論と不可分に結びついた存在の問題、あるいは真理の二重性の問題

『起信論』は「真如」という「本体（自性）」を仮に想定した。つまり、本体を想定することによ

って現象世界の構造を解き明かすという語りの戦略（ディスコース）である。真如を想定しておいて、その真如が自己分節して現象世界となり、現象世界に顕れると真如は姿を変えるが、その「本体（自性）」は変わらないと説いたことになる。

しかし、それはあくまで凡人の理解を助けるための戦略であって、真如に至る（真如を覚する）ならば、その「（仮に想定されていた）本性」は消える。井筒は『意識と本質』の中で、真如を「絶対無分節者」と言い換えながら、それが「その本源的無分節のままで現れてくれば、経験的存在世界においてあらゆる存在者を互いに区別する『本質』はことごとく消え失せてしまう」という。そして『起信論』から「一切の諸法は、ただ妄念によりて差別あるのみにして、もし心念を離るるときは、則ち一切の境界の相なし」（前出、岩波文庫、二五頁）を引いて、解き明かす。「経験界で分節されているあらゆる存在者」は、妄念によって区切られているのであるから、その妄念の働きが止むならば、「本質によって分節された、それぞれ違った客観的事物、認識の対象としての姿はなくなってしまう」（『意識と本質』I、一七頁）。

『起信論』も「世俗諦」と「勝義諦」の二層構造から成り立っていた。「世俗諦」においては「真如」という言葉を使って説明し（次節で見るように言葉の限界において言葉を捨て去ることによって）、「勝義諦」の「覚」に至る。言葉（世俗諦）に依存しなければ、真理（勝義諦）は示されない。のみならず、真理（真如）は、そもそも自らを言葉へと自己分節するような在り方をしている。真如が言葉になること（無分節が自己分節すること）は堕落ではない。むしろそれこそが本来的な在り方である。井筒はその点を強調した。そして、そうした「真理（真如）」の在り方が、後期西田哲学においては「絶対即相対」の論理として展開されることになる（本書第II部第四章4―1）。

＊　袴谷憲昭による貴重な『起信論』批判はこの点に関わる。袴谷は『起信論』が真如を「世界の統一原理として始めに置く」ことに異議を唱え、『起信論』は始めから「あらゆる事象や可能性を仕舞込んで置いて、すべてをそこから演繹的に説明する」と批判する。つまり「真如」を予め受け入れてしまえば、結局はすべてそこから説明されるような仕組みであり、言葉だけで分別的に理解できると思い込ませてしまう危険を持つというのである。しかし、その批判は『起信論』の「語りの戦略」の前半部分に対する批判ではあっても、その後半部分には当たらない。『起信論』はまさにそうした「語り（依言真如）」の限界点に読者を連れ出し、言葉への依存から離れ、「信」へと飛躍させることを目的としたからである（次章で見る「因言遣言」）。袴谷の批判は、「如来蔵思想」批判という文脈から離れてこの問題だけに絞ってみれば、「因言遣言」に至る前の「世俗諦」のディスコースに対する批判として理解される（袴谷憲昭1990）。

三、宗教的な実存変容の問題

『起信論』は「心真如」が「心生滅」に転換するプロセスを説いた。「絶対無分節（心真如）」が「分節態（心生滅）」に転換する。それは一方では、真如から「妄念」が生じてくる出来事と理解され（a

理解)、他方では、真如が自己分節する仕方で自己を顕現する出来事と理解された(β理解)。ところがこの二面は「非一非異」として結び付いている。井筒はこの「非一非異」を丁寧に解き明かしたことになる。

しかも『起信論』は、〈心真如から心生滅へ(AからBへ)と向かう動き〉と同じだけ、〈心生滅から心真如へ(BからAへ)と向かう動き〉も説いた。「迷いと悟り」の実存意識で言えば、〈不覚から覚への動き〉と〈覚から不覚への動き〉を同じだけ重視し、その双方向の動きを循環として確認したということである。

＊この「循環」を「輪廻転生」へと重ねてみせた『意識の形而上学』最終パラグラフは、私たち読者に深い印象を残した。「覚と不覚」とが相互循環し、往きつ戻りつする。人は、繰り返し不覚から覚に戻ってゆかねばならない。悟りはただ一回だけの事件ではない。「『起信論』の語る『究竟覚《くきょうかく》』の意味での『悟り』を達成するためには、人は己れ自身の一生だけでなく、それに先行する数百年はおろか、数千年に亙って重層的に積み重ねられてきた無量無数の意味分節のカルマを払い捨てなければならず、そしてそれは一挙にできることではない」(『意識の形而上学』一八三頁)。そして続ける。「究竟覚」という宗教的・倫理的理念に目覚めた個人は、「不覚と覚との不断の交替が作り出す実存意識フィールドの円環運動に巻き込まれていく」。「この実存的円環行程こそ、いわゆる『輪廻転生』ということの、哲学的意味の深層なのではなかろうか、と思う。(改行)

『不覚』から『覚』、『覚』から『不覚』……。（改行）『輪廻』の円環は、いつまでも、どこまでも、めぐりめぐる」（『意識の形而上学』一八三—一八四頁）。井筒は「輪廻転生」という「世俗諦」を確かに受けとめ、それを哲学的に解きほぐす課題を引き受けていた。

『起信論』の語りは、常に「双面的・背反的・二岐分離的に展開する」。あるいは、すべての用語が独立して名乗り出たとたん、自らの内に相矛盾する二面性を認めざるを得なくなる。二面性であるのだが、「一に非ず異に非ず（合一するわけではないが、区別されるわけでもない）」。井筒はそうした「双面性（非一非異）」の論理を提示して見せたことになる。

「起信論一巻読了」

さて、ここまで確認した上で、あらためて、西田の「起信論一巻読了」を思い出す。三十三歳の西田は『起信論』のどこに共感したのか。私たちはその焦点を「真如が現象世界に転換する出来事」に見定めてきた。例えば、「断片二十一」は仏教を「現象即実在論」と規定し、「断片二十六」は「本体はこの仮現の現象界を離れて別に存するわけではない」と述べていた（第Ⅱ部第一章1-4「純粋経験ノート」の中の『起信論』）。「真如（本体）」が自己分節して現象世界（仮現の現象界）になる出来事。あるいは、自己分節して現象世界になることを本来的とする「真如」の在り方。正確には、西田は

『起信論』に以下のような論理展開を見たことになる。

真如は自己顕現することによって現象世界の存在者となる。個々の存在者になるのだが、それによって真如が消えるわけではない。個々の存在者として顕れても、真如は真如であり続ける。真如は自ら変化し、別の在り方へと変容しながら、他方では、それ自身に留まり、真如としての超越性を保ち続ける。真如の超越性は、現象から離れて成り立つわけではない。現象世界へと自己顕現することは真如の堕落ではなく、むしろ現象世界に顕れることが真如の真の在り方である。

＊同じ論理を「真理の二諦説（勝義諦と世俗諦）」に重ねてみれば、次のようになる。勝義諦の真理は自己顕現することによって世俗諦となる。しかし勝義諦は消えない。勝義諦の真理は多様に語られつつ、しかし超越性を保ち続ける。逆に言えば、勝義諦の超越性は、世俗諦から離れて成り立つわけではない。世俗諦として語られることは、勝義諦の堕落ではなく、むしろ世俗態として語られることが、勝義諦の真の在り方である。

「起信論一巻読了」の西田は、『起信論』のこうした「哲学的思想」を親しく感じた。正確には、そこに自らの内なる「体験的基盤」に親しいものを感じた。次章において私たちは、後期西田の「絶対即相対」の論理とこうした『起信論』の論理とを比較検討することになる。

第四章　「絶対即相対」の論理と『起信論』

――「離言真如（語り得ぬこと）」と「依言真如（語り得ること）」、および「逆対応」

『大乗起信論』の究極は「言（コトバ）を超えた」境地である。ところが『起信論』はその境地を「真如」と語る。「語り得ぬもの」を「言（コトバ）」で語る。言葉では語り得ない（言を離れている）、にもかかわらず、言語によって（言に依って）示そうとする。

こうした『起信論』における言語の問題（言語の限界の問題）を井筒は浮き彫りにした。むろん「心」や「覚（悟り）」を主題としたには違いないのだが、その根底において常に「言（コトバ）」によって〈語り得ること〉と〈語り得ぬこと〉との微妙な「緊張・循環」を見ていた。むしろ『起信論』自身が、「真如」の内に〈語り得ぬ真如〉と〈語り得る真如〉との「二階層構造」を認め、両者の「関係（次元転換）」を重視していたというのである。

すなわち、「離言真如《りごんしんにょ》」と「依言真如《いごんしんにょ》」との関係（次元転換）である。「離言真如」は「言（コトバ）」

では語り得ない（言を離れた）真如。「依言真如」は「言（コトバ）」によって（言に依る）語られる真如である。

この問題を別の角度から考察したのが末木剛博である（「『大乗起信論』の論理――凡夫日常心の立場から」一九九〇年）。末木が注目したのは「因言遣言《いんごんいごん》」という文字、「言に因《よ》って言を追い遣《や》る」と読む。言葉を使って、言葉に依存する読み手を言葉から離れさせ、「信を起こさせる（読み手に信を起こさせる）」。そうした『起信論』のディスコースを、末木は解き明かした。

その問題を、西田の「絶対即相対」の論理と重ねる仕方で検討する。西田は「純粋経験ノート」において『起信論』に言及した際、既に「絶対即相対」という用語を使っていた。まず、その用語を検討する。続いて、論文「場所的論理と宗教的世界観」における「絶対即相対」の論理を整理し、そこから「逆対応」の論理を検討することによって、「因言遣言」の論理を「逆対応」の論理と比較検討しようとする試みである。

4-1 「絶対即相対」の論理――西田哲学における絶対と相対

「純粋経験ノート」を思い出すことから始める。そこに「絶対と相対」という言葉が登場していた（本書第II部第一章1-4）。

「大乗仏教に至ると真如なる絶対の考が一歩進んで深遠となる。絶対は相対を離れた絶対ではない。本体はこの仮現の現象界を離れて別に存するのではない。絶対即相対となる」（一六巻二三七頁、「断片二十六」）。

西田の文脈に即せば、「絶対即相対」は「現象即実在（順序を対応させるなら、実在即現象）」である。「本体（実在）」が「絶対」であり、「仮現の現象界」が「相対」に対応する。

『起信論』の「真如」を重ねてみると、「本体（実在）」が「真如」と対応するように見えるのだが（そしてその対応は間違いではないのだが）、しかしそう単純ではない。『起信論』は「真如」を「離言真如」と「依言真如」という二層構造として語る。ということは、「真如」の中に「絶対」と「相対」との区別がある。「絶対」である「離言真如」が、「相対」である「依言真如」として語られ、『起信論』は両者の「関係（次元転換）」を「絶対即相対」と見た。では、「即」とはどういう「関係（次元転換）」か。

西田の「断片」によれば、「絶対は相対を離れた絶対ではない」。『起信論』で言えば、「離言真如」は「依言真如」から区別されて終わりではなく、あらためて「依言真如」の中に顕れる。逆に言えば、「依言真如（相対）」の中に顕れた「離言真如（絶対）」は、決して堕落した（本来の姿から逸脱した）姿ではなく、むしろそれこそが「離言真如」の本来の姿である。

それ故、西田は、「本体はこの仮現の現象界を離れて別に存するのではない」という。「本体（離言真如）」は「仮現の現象界（依言真如）」を離れて別に存在するわけではない。「依言真如」がそのまま「離言真如」である。「絶対即相対」である。

そして、こう続ける。「かく考ふる様になると自我と本体との関係も異なりてくる。自己が本体に帰すると云ふのは清浄寂滅に帰するのではなくて、之の差別の現象界のままにて無差別の本体に帰しうるのである」（断片二十六、前出、一〇二頁）。

「本体（絶対）」に帰するとは、「自我（相対）」から切り離れることではなく、「差別の現象界」のまま「無差別の本体」に帰する。「依言（相対）」と「離言（絶対）」で言えば、「依言真如」が「離言真如」に帰するとは、「清浄寂滅に帰する（依言から切り離れた、言葉とは無縁の世界に留まる）」ことではなく、「依言真如」のまま「離言真如」に帰することである。分節された現象界（依言真如）がそのままにして無分節の本体（離言真如）である。

＊　末木剛博は『起信論』と後期西田思想との間に「相当近似したもの」を認め、例えば後期西田の「絶対無」に「離言真如」が対応し、西田の「表現（世界は表現を介して成立する）」に「依言真如」が対応するという。その上で、末木は両者の相違について、「西田が現実世界およびその内部での表現活動（言語的分別をも含めて）に積極的価値を認めるのに対して、『起信論』はそれらに積極的価値を一切認めない。その点で両者には大きな隔たりがある」と語る（末木剛博『西田幾多郎』第四冊、四六三頁）。しかし、見てきたように、『起信論』は現実世界を「妄想」の所産と見る（α理解）と同時に、他方ではそのまま「真如」として受け入れる（β理解）。真如は自らを分節する

仕方で現象世界の中に顕れている。末木自身がその点を繰り返し、例えば「依言真如も真如である」と強調していたのであれば、末木の理解に即してこの点は修正が必要であるように思われる。

むろん西田自身は「言（コトバ）」の問題を語ったわけではないのだが、この「断片」における「絶対即相対」の論理は、『起信論』の「離言真如」と「依言真如」との関係（次元転換）を、要約するように言い当てていた。

「絶対と相対」――論文「場所的論理と宗教的世界観」

さて、思い出されるのは、論文「場所的論理と宗教的世界観」である。そこでは「絶対」の意味が詳細に論じ直されていた。正確には、〈絶対と相対との対立〉と、〈その対立関係を超えた地平における「絶対」〉の問題。その濃密な考察を「離言真如」と重ね合わせることによって、「断片」に書き残された発想を展開することができるのではないか。しばらく論文「場所的論理と宗教的世界観」の言葉を追いかけることにする。

相対に対する絶対は絶対ではない。それ自身また相対者である。相対が絶対に対するという時、そこに死がなければならない。それは無となることでなければならない。我々の自己は、唯、死によつてのみ、逆対応的に神に接するのである。神に繫がるということができるのである。
（十巻三一五頁。『西田幾多郎哲学論集Ⅲ』岩波文庫、三二六頁、以下、「文」と略）

「断片」でも見た通り、〈相対に対する絶対〉は、ひとつの相対者にすぎない。同様に、〈依言真如と対立的に捉えられた離言真如〉は、ひとつの相対者にすぎない。相対が「絶対」に対する時、そこに死があるように、〈相対である依言〉が「絶対」の真如に対する時、言（コトバ）は死ぬ。では、依言（相対）は離言（絶対）の中に吸収されてしまうのか。

(a)対象的にあるものに対するとならば、それは相対である、絶対ではない。しかしまた単に(b)対を絶したものというものも絶対ではない。そこに絶対そのものの自己矛盾があるのである。
（十巻三一五頁、文三二七頁、a、bなどの記号、傍点は引用者、以下同様）

〈相対的な有〉に対している限り「絶対」ではない。しかし、だからと言って「対」を超えても「絶対」ではない。何かに対していたら「絶対」ではないが、しかし何にも対していなければ「絶対」とは言えない。「絶対といえば、いうまでもなく、対を絶したことである。しかし単に(b)対を絶したものは、何ものでもない、単なる無にすぎない」（同）。何かに対していたら絶対とは言えないが、「対」を超えても絶対ではない。やはり何かに対している。そこで、西田は、絶対は「(c)無に対している」という。

> 絶対は、(c)無に対することによつて、真の絶対であるのである。絶対の無に対することによつて絶対の有であるのである。而して(a)自己の外に対象的に自己に対して立つ何物もなく、(c)絶対無に対するということは、(d)自己が自己矛盾的に自己自身に対するということであり、それは矛盾的自己同一ということでなければならない。（同）

真の絶対は、「(a)対象的なものに対する」ことはないが、しかし「(b)対を絶する」ことでもない。そうではなくて、「(c)絶対無に対する」。「無」に対している。

ところが、この「絶対無に対する」は、「(d)自己が自己矛盾的に自己自身に対する」と言い換えられる。自己矛盾的に自己に対するとは、自己否定を含むということである。「絶対は、自己の中に、絶対的自己否定を含む」（十巻三一六頁、文三二七頁など）。「(b)対を絶した」場合、自己否定は含まれない。対がなければ、安易な合一となり、もはや自己否定は必要ない。それに対して、「(c)絶対無に対する」場合、自己矛盾的に自己に対する。「絶対無に対する」とは、「無」に留まることでも停滞することでもなく、むしろ自己自身とのズレによって、新たに創造的になることである。

＊ 井筒に倣えば、「絶対無分節は自己分節するからこそ絶対無分節なのである。分節に向かってダイ

ナミックに動いていかない無分節はただの無であり、一つの死物にすぎない」（『意識と本質』Ⅶ、一六三頁）。

「離言真如」も「自己の中に絶対的自己否定」を含む。離言真如は「離言」に留まってなどいない。むしろ「離言」から離れて、あらためて「言」の中に、自らを表現するということである。

さらに西田は、「(d)自己が自己矛盾的に自己自身に対する」ことを「(e)自己の中に否定を含む」と言い、それを「(f)自己が絶対の無となる」と言い換える。

絶対は、自己の中に、絶対的自己否定を含むものでなければならない。而して(e)自己の中に絶対的自己否定を含むということは、(f)自己が絶対の無となるということでなければならない。自己が絶対無とならざるかぎり、(a)自己を否定するものが自己に対して立つ、(e)自己が自己の中に絶対的否定を含むとはいわれない。故に(d)自己が自己矛盾的に自己に対立するということは、(g)無が無自身に対して立つということである。（十巻三一五―三一六頁、文三二七頁）

(c)無に対する時、(f)自己も無になる。あるいは逆に、自己が無にならなければ、無に対することはできない。自己が有である限り、有（対象的にあるもの）と「対して」しまう。自己が無となる時、「自己を否定するもの」が自己に対して立つ（対象となる）ことはない。無に対するとは、対象的にあるものに対するとは、まったく別の在り方であり、それは自己が無になって初めて可能になることである。

離言真如も「無」という在り方をする。しかし「無」とは動きの止まった停滞ではなく、むしろ「(g)無が無自身に対して立つ」。ということは、言を離れていた離言真如が、言の中に自らを表現すると言っても、それは「対象的に在るもの」に自らを譲り渡すことではない。西田の用語で言えば、離言真如は依言真如において自分自身を「有《も》つ」。

> 絶対は何処までも自己否定において自己を有つ。何処までも相対的に、自己自身を翻えす所に、真の絶対があるのである。真の全体的一は真の個物的多に於て自己自身を有つのである。神は何処までも自己否定的にこの世界に於てあるのである。この意味において、神は何処までも内在的である。故に神は、この世界において、何処にもないとともに何処にもあらざる所なしということができる。（十巻三一六頁、文三二八頁）

絶対は、相対の中に「自己自身を翻す」仕方で存在する。「真の全体的一（神）」は「真の個物的多（被造物）」として存在する。神は、自己否定的に、被造物の中に「自己自身を有つ」。その意味において、「神はどこまでも内在的である」。

同様に、「離言真如」も自己自身を翻す。「真の全体的一（離言真如）」は「真の個物的多（言）」

の中に自らを翻し、言（コトバ）という「真の個物的多」において自己を顕す。それは自己を「言」に譲り渡すことではない。むしろ、「(d)自己が自己矛盾的に自己自身に対する」ということである。「離言真如」が、自己矛盾的に、自己自身に対する。それは「離言真如」が「絶対の無」であるから可能になることである。「絶対の無」である「離言真如」が、無という在り方を否定して、有となる（言となる）。「言を離れた」在り方を否定して、言の中に顕れる。言へと自己を限定することによって依言真如となる。それは「離言真如」からの逸脱ではない。むしろそれこそが真の「離言真如」の在り方である。

以上の論理をまとめ直すように、西田はこう語っていた（前出、強調は引用者）。

> 絶対は、自己の中に、絶対的自己否定を含むものでなければならない。而して(e)自己の中に絶対的自己否定を含むということは、(f)自己が絶対の無となるということでなければならない。自己が絶対無とならざるかぎり、(a)自己を否定するものが自己に対して立つ、(e)自己が自己の中に絶対的否定を含むとはいわれない。故に(d)自己が自己矛盾的に自己に対立するということは、(g)無が無自身に対して立つということである。
> （十巻三一五―三一六頁、文三二七頁）

用語を整理してみればこういうことである。

(a)「真の絶対」は「対象的にあるもの」に対することはない。相対的な有（言）に対している限り、真の「離言真如」ではない。

(b) 「対を絶する」のでもない。何ら対するものがないならば、「単なる無である」。

(c) 絶対は「無に対する」。「離言真如」は「無に対している」。相対的な言（コトバ）に対するのでもなく、対立者がないのでもなく、「無」に対している。

(d) 「無に対する」とは、「自己が自己矛盾的に自己自身に対する」ことである。「離言真如」も自己矛盾的に自己自身に対する。自己に安住することなく（「言を離れた」在り方に安住することなく）、自己に対する（言に依る）。

(e) それは「自己否定を含む」ということである。「自己が絶対的自己否定を含む」。「離言真如」も絶対的自己否定を含む。離言真如は、「言から離れた」在り方を否定する。自己を否定するものが外にあるのではない。自己矛盾的に自己に対立し、「言を離れた」在り方を否定して、「言」に移行する。

(f) 西田はそうした「自己否定を含む」ことを「自己が無となる」と言い換える。「自己が絶対の無となる」。離言真如も無という在り方をしている。しかし動きのない停滞ではない。

(g) 「無が無に対して立つ」。離言真如も「無が無に対して立つ」という在り方をしている。離言真如の真の姿が、「無が無に対して立つ」という在り方であるゆえに、離言真如は自己否定を含み、自己矛盾的に自己自身に対することができる。

こうして離言真如は、「離言（「言を離れた」在り方）」を否定し、「言」の中に自らを顕す。言へと自己を限定し、依言真如となる。しかし逸脱ではない。それが「離言真如」の真の在り方である。「依言真如」となることによって「離言真如」の真の在り方が消え去るのではなく、むしろ「離言」という在り方を否定し、「依言」となることが「離言真如」の真の在り方なのである。

「離言真如」は、動かずに留まるのでも、言の中に流れ出てしまうのでもない。「自己自身へと遡源的に翻る」。「覆蔵（自己蔵身）」という在り方（本書第Ⅱ部第二章2―1）。離言真如は、言へと自らを展開しつつも、それ自身はその超越性を維持すべく、自己自身へと遡源的に翻る。つまり自己蔵身するという特殊な在り方をしている。それ故、「離言真如」は、言葉の内に内在的にあるが、言葉に対して超越的である（「内在即超越、超越即内在」）。あるいは、西田に倣って言えば、「離言真如」は、「依言真如」において、何処にもないとともに何処にもある（あらざる所なし）ということになる（十巻三一七頁、文三二九頁）。

＊ 西田はこの直後に、「仏教では、金剛経にかかる背理を即非の論理を以て表現している（鈴木大拙）」と書く。西田が「背理」と語る点も興味深いが、それ以上に「逆対応の論理」と「即非の論理」との関連は重要である。西田は「即非の論理」を広く理解し、自らの「逆対応の論理」をそのひとつのヴァリエーションに位置づけるのだが、大拙の「即非の論理」と西田の「逆対応の論理」との相違は課題である。

＊＊「離言真如」のこうした超越性は、華厳哲学で言えば、「理」は「理」に留まる仕方では存在しないということと対応する。内発的に「事」へと自己展開してゆくことによって初めて「理」である。そこで「理」は「事」の中に内在するが、しかし「事」から超越している。「事」の外にあるのではなく、「事」の中で「理」として保たれる。その関係（次元転換）を、華厳は「理事無礙」と語った。『起信論』で言えば、「無礙」は「和合して、一に非ず異に非ず」ということになる。

4-2 逆対応の論理——西田哲学における絶対と個

さて、以上のような論理を、論文「場所的論理と宗教的世界観」は、神と人との関係に即して「逆対応」と呼ぶ。〈絶対者である神〉と〈人間の自己〉とが「逆対応的に」関係する。では、「逆対応」はいかなる関係（次元転換）として語られたのか。

まず、「逆対応」の「逆」には「翻り」の意味がある。反転する、あるいは、行き着いた先でベクトルが逆向きになる。また、否定の意味も含まれる。例えば、「自己自身の中に絶対の否定を含む神」（十巻三二〇頁、文三三五頁）という仕方で、自己否定の意味を持つ。自己否定があるから翻りも可能になる。しかし、神だけが自己否定をもつのではない。この「逆」には、「互いに」の意味も含まれている。どちらか一方の側だけではない。相互の側が、それぞれ自己否定することによって、それぞれ翻り、互いに交差する（交叉反転する）。上田閑照の表現に倣えば、「相互に自己否定を交換する」（上田閑照 2002, 八一頁）。

しかし、合一するのではない。神と人とはあくまで対立する。この点は『善の研究』と異なる。『善の研究』の「純粋経験の事実」においては、神と人とは未分であった。それに対して「逆対応」においては、神と人とは相反する。合致しない、断絶がある。しかし、断絶したまま切り離れているのではない。西田は「対する」という。合一ではないが、断絶でもない。矛盾的自己同一の論理で「対する」というのである。

ところで「逆対応」の分類に関しては議論が分かれている。さしあたり、四分類に倣えば、一、絶対と個との関係が逆対応的である。二、絶対が自己自身において逆対応的である。三、個が自己自身において逆対応的である。四、無数の個相互の関係が逆対応的である（末木剛博『西田幾太郎』第四冊、二八二頁以下、及び註、五一八―五一九頁。竹村牧男 2002 など）。

＊ この「逆対応」の四分類を、華厳哲学と重ねてみると、一、絶対と個との関係は「理」と「事」との関係（理事無礙）、二、絶対自身の内部の関係は「理」の内部の関係（理理無礙）、三、『個が個自身において逆対応的』は「事」の内部の関係、四、無数の個相互の関係は「事」と「事」との関係（事事無礙）に対応する。ということは、後期西田哲学から見る時、華厳哲学においては、

「三、個が自己自身において逆対応的である」という視点が弱かったことになる。

このうち「二」を根底とする見解がある。〈絶対者の内なる逆対応〉が最も根底にあり、それを土台として、〈絶対と個との逆対応〉も〈個の側の逆対応〉も可能になるという（例えば、大峯顯 1994, 四二九頁）。しかし、絶対者が先立つのか。確かに個は絶対者の自己否定によって成り立つのだが、しかし絶対者があらかじめ「基底的に実体的なるもの」として存在しているわけではない。むろん個が先立つわけでもない。個が先立つのでもなく、絶対者が先立つのでもなく、絶対者と我々の自己とが等根源的に成立する。一方が他方に優先するわけではない。絶対者も我々の自己も共に等しく「自己否定に於て自己を有つ」。互いに自らへの否定を媒介して、相互に含み合う。

西田は、「仏あつて衆生あり、衆生あつて仏あり」という（十巻三二四—三二五頁、文三四〇頁）。そして務台理作はこう解き明かす。「有限なる衆生を迎えとることが出来ないならば仏といえども仏になれないという仏の自己否定をとおして初めて仏願は成就される。（中略）無限は自己を有限化することによって、したがって有限をその中へつつみ入れることによって自己を否定しながら却って無限そのものを成就する」（務台理作 1996, 一四一—一四二頁）。

＊　西田と務台との関係、とりわけ、西田の論文「場所的論理と宗教的世界観」（一九四五年）の前年に出版された務台の著作『場所の論理学』が西田に与えた影響については、同書「解説（北野裕通）」

参照。なお、同書「第二章　否定の否定」には『起信論』への言及が見られる。

『起信論』で言えば、「離言真如」は「依言真如」とならなければ「離言真如」になれないということである。「離言真如」が自らを有限化し、あるいは自らの中に有限な言（コトバ）を包み入れることによって、自己を否定しながら、かえって「離言真如」としての無限そのものが成就されるということである。

＊　こうした論理を大峯は、「個物と一般者とは、両者を結び付ける何物も無いところではじめて結びつく。……自己（個物）と絶対者（一般者）との間の矛盾は底無きものとなり、両者の統一も底無きものとなる」という（前掲、大峰 1994, 四二六―四二七頁）。あるいは、上田の言葉に倣えば、「絶対者と我々の自己とは、そのどちら側から始めても、逆方向にではあるが、否定の否定として同じ一つの円環をめぐる。同じ場所、すなわち矛盾的自己同一の場所を逆方向に一還する」（上田閑照 2002, 九〇頁）。

＊＊　華厳哲学と対比させてみる時、『起信論』の関心は、あくまで「理事無礙」であり、「事事無礙」には言及しない。『起信論』は「衆生（事）」と「真如（理）」との関連（無礙）を説いたのであって、個々の「衆生（事）」と「衆生（事）」との関連には関心を示さない。後期西田において「個」の問題が中心課題となった時、華厳哲学の「事事無礙」への言及が増えたのとは対照的に、『起信

論』の影は薄くなる。

絶対者の側から見た逆対応

さて、こうした関係を確認した上で、あらためて、〈絶対者の側から見た論理〉と〈個の側から見た論理〉とを区別する。まず前者から見る。絶対者（神）の側から見た時、逆対応とはいかなることか。

神と人とは合致しない。神は超越的である。しかし、神は超越的であることに自己満足することはない。「何処までもケノシス的」である（十巻三一七頁、文三二九頁）。内在的である。言い換えれば、絶対者は個人を超えているが、個人の外に存在するわけではない。個人の外に存在する神を、西田は「対象論理的」な神と呼ぶ。対象化された神と呼ぶ。「対象論理的に神を考えている」（十巻三三一頁、文三三五頁など）。そして対象化された絶対者は、心霊上の事実ではないという。

『起信論』で言えば、真如は超越的であり、言（コトバ）を離れた「離言真如」であるが、しかし超越に留まることなく、言葉の内に内在する（依言真如となる）。あるいは、真如は現象世界から区別された「非現象態」であるが、しかし現象世界に顕現する。真如は衆生の内に内在している。

そして、論文「場所的論理と宗教的世界観」の形而上学に従えば、万物は、絶対者が自己否定することによって成立した（そのつど成立する）。したがって、万物は絶対者の顕現した姿である。ところが、絶対者の「自己否定」によって万物が生じたとは、万物（被造物）が「神に背く」可能性を持つということでもある。絶対者（絶対無）が「無」という在り方を拒否して「有」になる、ということは、「有」という在り方自体、神の在り方に背いている。ところが、神は、まさに自らに背くものをも包み込む。「全体的一」は、自らに背く「個物的多（被造物）」を包み込むという仕方で、「真の個物的多（被造物）」において存在する。

＊

「絶対者」を「場所」と重ねてみれば、「場所」がそもそも自己否定を含むということである。場所が、自己矛盾的に、場所自身に対する（逆対応的に対する）。場所としての絶対者が、絶対者自身に対して、逆対応的に対している。しかし、〈神と人との逆対応的関係〉が、一方的に、こうした〈場所自身の持つ逆対応性〉に基づいているわけではない。絶対者の内なる逆対応が、すべての逆対応の土台なのではない。あるいは、絶対者の側からみる時、そのように理解することは可能であるとしても、それはひとつの側面にすぎない。やはり、あくまで、「仏あって衆生あり、衆生あって仏あり」。被造物がなければ、絶対者は、絶対者としてあり得ない。

個人の側から見た逆対応

さて、今度は個人の側から見る。その際に注目したいのは、「個が個になるほど」という表現である（十巻三四〇頁、文三六一頁など）。

個を消滅させることによって神に近づくのではない。個が個になるほど、その極限において、神に近づく。個の自覚の尖端において神に対する（「我々の自己は個人的意志の尖端において絶対者に対する」十巻三五〇頁、文三七四頁）。個の意志が強く意識されればされるほど、神の意志に対する（この「対する」は「対立する」に近い。対立するという仕方で神に接する）。個に徹すれば徹するほど絶対に触れ、個の方向の尖端において神に逢う。

区別がなくなるのではない。個を消すことによって神が現れるのでもない。個が自由を自覚すればするほど、神との関係が鮮明になる。決して個の意識は失われない。むしろこの自覚においてこそ、逆対応は成立する。

＊　上田閑照は「実体を抜く」という。全体的一（神）からも、個物的多（個）からも実体性を抜いてしまう。全一をも個多をも基底とせず、どこまでも一と多との矛盾的自己同一を見る。一も多も基体となる実体ではなく、一は多の自己否定的一であり、多とは一の自己否定的多。相互に自

己否定を交換し合う（前掲、上田2002, 八〇頁など）。

一度きり、かけがえのない個を自覚する。この時、逆対応的に神に接する。個に徹すれば徹するほど、個を超えた神に接する。自己を拡大して神とひとつになるのではない。しかし、自己を消して神と合一するのでもない。そのどちらでもなく、「真の個」となることによって神に接する。

＊ 神に近づく（まだ離れている）のではなく、一体となるのでもない。「接する」、「対する」、あるいは「（神に）繋がる」などの動詞は、「逆対応の論理」の中で、特殊な術語として使われている。

「依言真如」で言えば、言葉による思考を徹底させたその先端において、言葉から離れる。翻りが生じる。始めから言葉を使わないのではない。言葉に徹すれば徹するほど、言葉を超えた「離言真如」に接する。言葉によって説明しようとすればするほど、コトバの及ばぬ領域に触れてしまう。そして言葉の限界を超えた「信」へと飛躍せざるを得なくなる。

4-3　「因言遺言」（言に因って言を遺る）というディスコース
――『起信論』における絶対（離言真如）と相対（依言真如）

さて、あらためて『起信論』によれば、究極的な真如は言葉では語り得ない（言を離れている、「離言真如」）。にもかかわらず、『起信論』は言葉を使う（言に依る、「依言真如」）。では、「依言真如」は「離言真如」といかなる関係にあるのか。言語によって「言語以前」を示すとはどういうことなのか。

重要なのは（先にも見た）「因言遣言」という言葉である。言に因《よ》って言を追い遣《や》る。言葉を終わらせるために言葉を使う。言葉を使って、言葉に依存する読み手を、言葉から離れさせ、「信を起こさせる（読み手に信を起こさせる）」という『起信論』のディスコース。そのディスコースが西田の「絶対即相対」と重なり、「逆対応」の論理と重なり合う。

＊　西田は、言葉が神と人とを媒介すると語り、「啓示」に言及している。「言葉が神と人間との媒介となるのである。神と人間との関係は、機械的でもない、目的的でもない、否、理性的でもない。神は絶対的自己同一的に、絶対的意志として、我々の自己に臨んで来るのである、形成的言葉として自己自身を表現し来るのである。これが啓示である」（十巻三四九頁、文三七三頁）。「離言真如」で言えば、離言真如は、依言真如となって、自己自身を「表現し来る」。「我々の自己に臨んで来る」。それが「啓示」である。ということは、「啓示」として示された言葉は、言葉へと自らを展開しつつも、それ自身はその超越性を維持すべく、自己自身へと遡源的に翻る「離言真如」として理解される。

＊＊　なお、『起信論』には「真諦訳」と「実叉難陀訳」の二種がある。「因言遣言」は「真諦訳」の

表現であり、「実叉難陀訳」では「以言遣言（言を以て言を遣る）」と表現される。「言に因って」と「言を以て」の違いについては、今回検討せず、「真諦訳」の表現に限定して考察する（柏木弘雄 1981,「第三章、真諦訳と実叉難陀訳との比較研究」に依る）。

「因言遣言」という文字は、『起信論』が論証を開始した最初の場面に登場する。

> 一切の言説《ごんせつ》は仮名《けみょう》にして実《じつ》無く、但《ただ》妄念に随うのみにして、不可得なるを以ての故に、真如と言うも亦《また》相あること無く、言説の極《ごく》、言に因《よ》って言を遣《や》るを謂う。
> （「第三段、解釈分」「第一章、顕示正義」、宇井伯寿・高崎直道訳注、岩波文庫、一二五頁、傍点は引用者）

大意を取れば、一切の言葉は仮の名であるから真実ではなく、妄念に依拠しているから把握し得ない。真如という言葉を使ったとしても、それに対応する実体があるわけではない。しかし、言葉の限界においては、言葉を終わらせるために、言葉が使われる（言葉に依って言葉を斥ける）。

＊ 宇井・高崎訳（岩波文庫）は、この箇所を、「この名は言語表現のギリギリのところで、言葉を用いて、他の〔余分な、あるいは誤った〕表現を排除する（因言遣言）のである」とする（岩波文庫、一八一頁）。大拙訳は、But the term suchness is all that can be expresses in language, and through this term all other terms may be disposed of. 真如という語は、言語の内で表現される限界であり、この語によって他のすべての語は処分されることになる（Açvaghosha's Discourse on the awakening of faith in the Mahâyâna, p. 57）。

問題の箇所、「言説の極、言に因って言を遣るを謂う」について、平川彰はこう解説する。真如について言葉を使って説明すると、「真如がそれだけ限定され、特殊になり、真如の全体者たることが失われる。言葉は妄念の所産であるから、真如にはふさわしくないが、言葉によらねば表現できないから、言説の極限として、言葉によって言葉を否定する方法によって真如を示す」（前掲、平川『仏典講座二二』七五頁、傍点は引用者）。

ちなみに、この傍点部、「言葉によって言葉を否定する（言葉を終わらせるために言葉を使う）」という点を最も明快に訳出しているのは Hakeda の英訳である。"The term Suchness is, so to speak, the limit of verbalization wherein a word is used to put an end to words." 真如という語が「言語化の限界」であり、「その限界においては、言葉を終わらせるために言葉が使われている」というのである（Hakeda, 2006）。

言葉を終わらせ、言葉から離れることによって、「信」が「起こる」ことを願う。こうした『起信論』のディスコースに関して、しばらく末木の論考に立ち入ってみる（前掲、末木剛博 1990「『大乗起信論』の論理——凡夫日常心の立場から」）。

「依言真如」によって読み手を導く

末木によれば、『起信論』における「迷い」も「悟り」も共に「言語を介して成り立つ」（末木における「言語」は本書の用語法では「言（コトバ）」に対応する）。私たち人間が迷うのは「言語」の故である。ところが悟りに向かう際も「言語」に頼る。一方で、言語は無明の元凶であるのだが、他方では、その無明から解き放つためにも『起信論』は言語を使う。「仮に言説を以て衆生を引導する」。あくまで「仮に」ではあるのだが、しかし「言説を以て」、衆生を導こうとする。言説の内に語られる「依言真如」によって、衆生を「信」に導こうとする。

＊　こうした「依言真如」の理解が「如来蔵」と重なる。すべての凡夫に内在する「覚の可能性」。「仏・菩薩が凡夫を導くためには、凡夫の日常心の中に悟りの要因を見出し、それを利用しなければならない」（前掲、末木 1990, 一三六頁）。しかし、凡夫の中にある仏の悟りの可能性から、連続的に「覚」に至るわけではない。そこには飛躍があり、「信」が必要になる。

あるいは、『起信論』は、真如を「言説によりて分別すれば……」と語る。究極の真如は、「言説によりて分別」することはできない（言を離れている）のだが、仮に「言説に依りて分別」してみればという。むろん「依言真如」が完全な真理（「本覚」）でないことは承知の上で、しかしその一端は、言葉によって理解可能となる。あるいは、読み手を、言語の限界にまで連れ出すことによって、「信」が「起こる」現場に導くことはできる。

＊　凡夫の立場から見れば、同じ「言葉」でも、真如への道を閉ざす言葉（「計名字相」本書一五六頁）と、真如への道を示す言葉（依言真如）とに分かれる。末木によれば、言葉が真如への道を示すのは、言葉が「それを包む全体性を志向する」場合である。それに対して、「言葉で区別した心の一部」を自立した実体と思い誤る場合、真如への道が閉ざされる。離言真如における絶対肯定は、判断中止によって、一心の全体性がありのままに顕れることである。

では、『起信論』の読者は誰か。「凡夫」である。迷いの中にいる（あるいは迷いの中にいることにすら気がつかない）凡夫である。凡夫は究極の真如（離言真如）を示されても理解し得ない。そこで『起信論』は凡夫の言葉を使う。しかし、その言葉（依言真如）が最終目的ではない。むしろ重要なのは、「依言真如」を推し進めると自己矛盾に陥るという点である。「依言真如」の論理が自己否定的に自らの論理を破壊してしまう。「依言真如の使命を果たすためには、依言真如は自己否定的表現を採用して、敢て自己矛盾に陥り、自己を破壊しなくてはならぬ。かくて依言真如は自己矛盾によって自滅し、判断は自然に中止される」（前掲、末木 1990, 一七〇頁）。

＊『起信論』が「論理の破綻」と見た出来事に、西田は「逆対応の論理」を見る。通常の論理には納まりきらない特殊な「論理」。しかし、そこから「信」への飛躍を期待するのではなく、あくまでもその出来事を「論理化」しようとする。同じ事態を、玉城は、言葉それ自体の展開と見る。「言葉自体が動いてゆくしかない。いいかえれば、ひとつの言葉がつねにつぎの言葉へと移っていき、後の言葉は前の言葉の観念を越えていくことである。そして究極的には言葉は言葉自体を否定するに至るであろう」（玉城 1975, 一五三頁）。

『起信論』は、読者を「依言真如」が破綻する現場に連れ出す。正確には、読者を「依言真如」に乗せ、その言葉が不可避的に露呈する自己矛盾の現場を体験させることによって、読者に、言葉から離れる機会を提供する。あるいは、「離言真如」が顕れ出る瞬間を体験させようとする。「依言から進んで依言を否定し去る時、忽然として離言が生ずる。……それは判断中止であり、『止』である」（前掲、末木 1990, 一六五頁）。

＊末木によれば、「離言」に飛躍する時、言説によって設定された主客の対立は消滅するから、真如の全体性が、ありのままに現われる。『起信論』で言えば、「一切の法、悉く皆、真なり」、「説くべからず、念ずべからざる」（岩波文庫、二五頁）。逆に言えば、言葉によって分節することがな

い故に全体がありのままに（分節に縛られることなく）現われる真如を「離言真如」と呼んだということである。

つまり（この時点においては）、『起信論』は「離言」と「依言」との間に決定的な断絶を見たということである。連続的に移行するのではない。「依言（言葉に依る）」が破綻し、依言が通用しなくなった時点で初めて「忽然として離言が生ずる」。離言（言を離れた位相）への飛躍が生じる。『起信論』は、読者を飛躍に誘い込むのである。

＊ 西田も論文「場所的論理と宗教的世界観」の中で、「表現（言語的表現）」に言及する。しかし、『起信論』のコンテクストとは異なる。西田は言葉が絶対者と個人とを媒介するという。その典型として「名号」に言及し、個人は下から上へ名号を唱え、帰依し、絶対者は上から下へ同じ言葉を通して個人に答えるという。そこには、相互の循環は見えるが、「言語の自己否定」は見られない。

真如が、再び言葉の内に顕れる

ところが、『起信論』は「言を離れて」終わりではない。『起信論』はそこから反転し、あらため

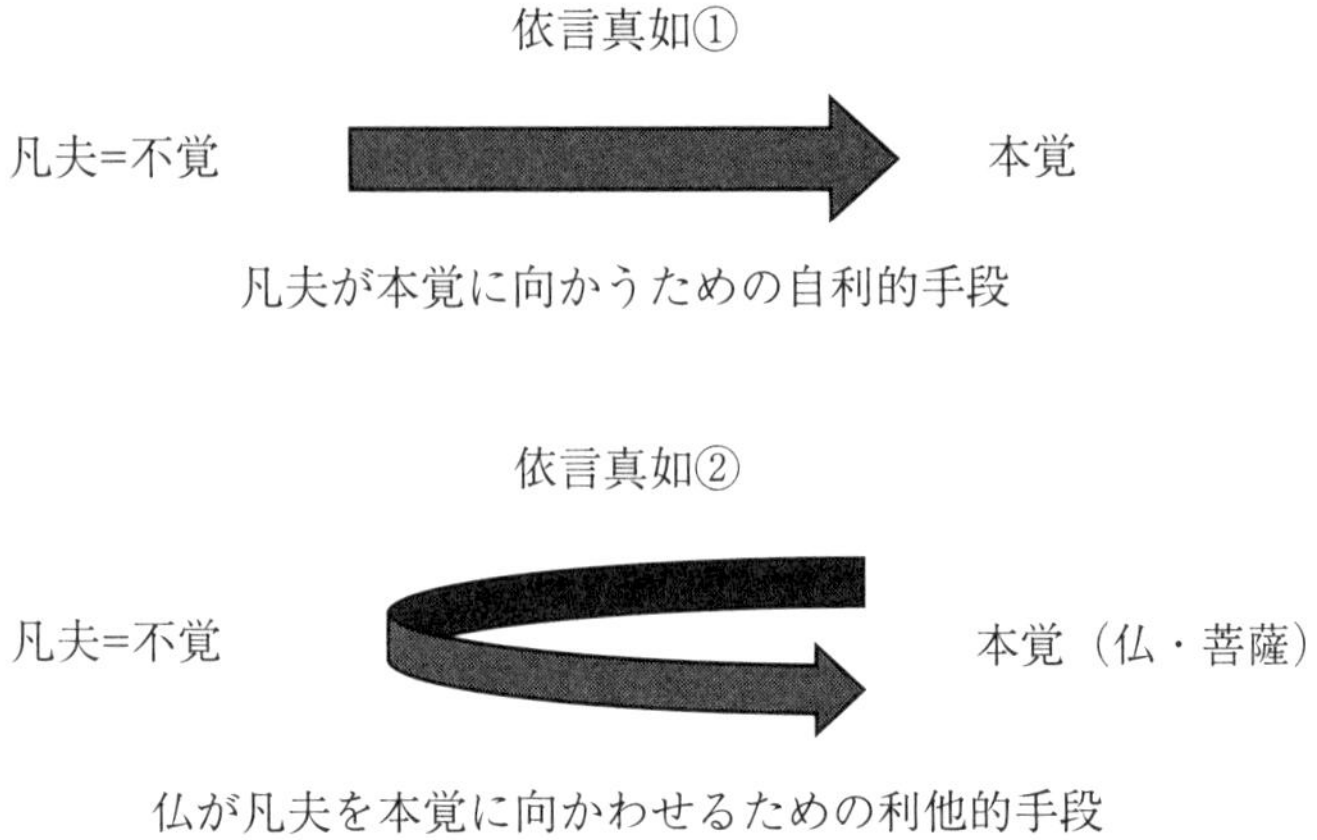

図10

て、言葉の中に自らを顕す。凡夫に理解される言葉の中に、みずから入り込み、「仮に言説を以て衆生を引導する」。

つまり話の出発点に戻ることになる。しかし、先の話が凡夫の視点から見た「言葉（依言真如①）」にすぎなかったのに対して、一巡した後の「言葉（依言真如②）」は、究極の真如の顕れである。末木の言葉を使えば、前者は「凡夫が本覚に向かうため」の手段であったのに対して、後者は「仏・菩薩が凡夫を本覚に向かわせるため」の手段である。前者は凡夫が自分のために使う「自利的手段」であり、後者は仏が凡夫のために使う「利他的手段」である。

末木によって提示された図に多少手を加えたのが、図10である。

「依言真如①」は、凡夫が言葉を頼りに、不覚から本覚へと向かう。それに対して、「依言真如②」は、仏（菩薩）が凡夫の立場へと降りてゆく。正確には、凡夫を導くために不覚の立場に降りてゆき、凡夫をして不覚から本覚へと導く。『起信論』のディスコースは、本来、後者（依言真如②）である。凡夫が理解しやすいように、「離言真如」が自らを限定し、言葉の内に姿を顕したもの。しかし、凡夫はそれを「依言真如①」として読む。自分が本覚に向かう手がかりとして読む。そして凡夫の論理で読み進むと、通常の論理が通用しなくなる。『起信論』のディスコースは、ある時点から論理が通用しなくなり、自己矛盾するようにできている。

そうした「仕組み」を、末木は、「離言真如」が矛盾命題から成り立っていると説明する。矛盾命題は「A」も「非A」も含む。そこで、矛盾命題から成り立つ「離言真如」においては、すべてが肯定される。この絶対肯定が言葉の内に姿を顕そうとすると、当然ながら、通常の論理をはみ出てしまう。絶対肯定が言葉の面に自己を写す時には、（凡夫の論理で言えば）自己矛盾した命題が現われ、論理が破綻する。不可避的に破綻せざるを得ないようにできているのである。

＊ 末木は、凡夫から仏に至る道を、一、計名字相の不覚、二、依言真如の始覚、三、因言遣言（言語の自己否定）、四、離言による絶対肯定、五、離言真如に基づく再言説（再び依言真如となる）と整理した上で、第四段の離言について、「離言における絶対肯定は、絶対肯定なるが故に、相対的なる否定・肯定をも、絶対否定さえも、自己の要因として含むこととなる。したがって離言真如の本覚は再び依言を自己の内に許すことになる」と解き明かしている（前掲、末木 1990, 一六六

頁）。西田の「絶対即相対」の論理で言えば、絶対は「自己否定において自己を有つ」、「自己自身を翻す所に真の絶対がある」のであって、絶対肯定の離言真如が、自らを依言へと翻すのは、真の「離言真如」の在り方のひとつである。「真の全体的一（離言真如）は真の個物的多（依言真如）に於て自己自身を有つのである」（十巻三一六頁、文三二七頁）。

『起信論』のディスコースは、読み手を、そうした破綻の現場に連れ出すことを目指していた。凡夫をして言葉に依る理解の限界を体験させ、「語り得ぬ真如（離言真如）」へと飛躍させる。凡夫に「依言真如」の限界を自覚させ、「信」を「起」こす「論」。それが『起信論』のディスクールであった。

＊ 以上の「離言真如」と「依言真如」との関係は、ナーガールジュナ『中論』にも見られる。『中論』は、「最高真理（勝義諦）」と「世間的真理（世俗諦）」とを峻別した上で、しかし勝義的真理が真理として成立するのは、あくまでも世俗においてであるという。言葉によって語られた「勝義的真理」は、既に「世俗的真理」に属している。むろん『中論』自身の言説もまた「世俗」に属する。「言語表現に依存しなければ勝義は説き示されない（世間の真理に依らなければ、究極の真理を説くことはできない）」（『中論』二十四章一〇）。世俗の言葉を使うのは勝義を示すためである。しかし、対象としては示されない。むしろ言葉によっては言い表わすことができないという出来事の

内に、その姿が示される。そうした「語り得ぬ」事実として示される「最高真理」を、『中論』は「空」と呼ぶ。言葉が自らの「空」を顕にすることによって勝義的真理は示されるというのである。

結び

晩年の西田は、「東洋的世界観の論理」という言葉を使った。論文「論理と数理」（一九四四年）の中に、「対象論理」に対して自らの「論理」を語った箇所である。

アリストテレス以来、西洋論理は「対象論理的」であった。カントも現象学も解釈学も同じ圏内にある。世界を外から眺めているだけであり、眺める自己そのものがその中で働いている「具体的現実の世界」を捉えていない。西田はその「具体的現実の世界の論理」を捉えようとする。そして、その「論理」を「矛盾的自己同一の論理」と呼ぶ。

「矛盾的自己同一の論理」は「対象論理」を排除しない。むしろ「対象論理」は、「矛盾的自己同一の論理」の一部である。「矛盾的自己同一の論理」は「対象論理を越えて之を包むもの、その否定を含むもの」、したがって、「絶対無の論理に基礎づけられていなければならない」。ところが従来、その「論理の形式」が明らかにされてこなかった。そう語る時、西田はしばしば「ヘーゲル」を持ち出す。「「ヘーゲルの論理と云ふのは、対象論理を越え、之を包むものではあるが、尚どこまでもアリストテレス的たるを脱していないと思ふ」。

そして、ヘーゲルを超える視点を「東洋」に期待する。「私は却つて我々の自己そのものを対象とした仏教哲学、心の哲理と云ふものに於て、無の論理と云ふものを見出し得ると思ふ。而してそれは東洋的世界観の論理と云ふことができる」。

ところが、「それが未だ論理的に形式化せられていない。私の矛盾的自己同一と云ふのは、かかる論理の形式化である。之を悟と云ふのではない。万法すすみて自己を修証する現成公案《げんじょうこうあん》の論理である。……そこには鈴木大拙の所謂即非の論理と云ふ如きがなければならない」（「論理と数理」十巻六九頁）。

こうした話の筋は、後期西田のテクストの中にたびたび登場する、いわば、ひとつの定型である（「論理と数理」の他、「日本文化の問題」、「現実の世界の論理構造」、「私の論理について」など）。1　西洋の論理は「対象論理」である。2　ヘーゲルはそれを越える可能性を持つが、いまだ不十分。3　私は「東洋」の思想に期待する。4　私が提示する論理は「対象論理」を越える思想の論理化である。5　鈴木大拙（般若の思想、即非の論理、日本的霊性など）が手がかりである。

つまり西田は、一方では「ヘーゲル」を手がかりにして「対象論理」を乗り越える論理を追究し、他方では大拙「即非の論理」を手がかりとして「東洋の思想」の知恵の論理化を追究し、いわば、その二つのベクトルの交点において、自らの「論理」を定式化させると語っていたことになる。

ところがそう並べてみると、実は「東洋」が弱い。西洋の思想の場合はその中に深く入り込み、その内側から丁寧に「対象論理」を確認してきたのに対して、東洋の思想については、例えば「大乗仏教（仏教哲学）」という大風呂敷の中から、適宜、言葉の断片を切り取るだけである。あるいは、既に構築されている自らの論理の裏付けとして、東洋の言葉を任意に（直観的に）当て嵌めたということである（むろんその「直観」はこの場合も見事であって、後世に大きな刺激を残すことになるのだが、しかし個々の思想の中に入り、その文脈に即して引用したわけではなかった）。

西田はあくまで課題として「東洋的世界観の論理」を示したのであって、自らその「論理的な形式化」を実践したわけではなかった。むろん西田自身は、自らの「矛盾的自己同一の論理」がその「論理的な形式化」であると信じたが、実際に東洋の思想に入り込み、（まさしく井筒俊彦がやってみせたような）個々のテクストに即してその固有の論理を抽出するという仕事を実践したわけではなかった。

井筒はその課題を遂行した。井筒は西田を引き継ぐとは言わないのだが、結果として井筒の仕事は、まさに西田が課題として示した「東洋的世界観の論理」の追究であり、その「論理的な形式化（井筒の言葉で言えば、東洋の思想が提示する哲学的問題の可能性を追う作業）」であった。

では、井筒の東洋思想研究を手がかりとして、西田が課題とした「東洋的世界観の論理」を再構成することはできないか。第Ⅱ部は話を『大乗起信論』に限定した。井筒による『起信論』読解を媒介として、西田哲学と『起信論』との関係を見定めた上で、『起信論』の内側から「東洋的世界観の論理」を確認しようと試みたのである。

しかし、なぜ『起信論』であったのか。重要なのは、『起信論』が西田の思想形成に影響を与えたと思われる点である。西田哲学にとって『起信論』は（任意に選ばれた比較対象とは違って）、その思想形成に与えた影響が慎重に検討されるべき微妙な存在である。そこで「伝記的事実」が必要となる。『善の研究』以前の西田にとって『起信論』がいかなる意味を持っていたか。「起信論一巻読了」の直後に続いた言葉、「余は時に仏教の歴史的研究をもなさんと欲す」を思い出す。三十三歳の西田は「仏教の歴史的研究」、まさに東洋の思想の内側に入り込むことを望むのだが、しかし「多く望む者は一事をなし得ず」、自らの仕事を「今日の学理（西洋思想）」によって解き明かすことに限定したのである（本書八五―八六頁）。

しかし、西田は「断片」を残していた。『起信論』の論点を簡潔に書きとめた断片の中に、「現象即実在」、「絶対即相対」という二つの重要な鍵概念が含まれていた。では一体、西田は『起信論』にいかなる「論理」を見ていたのか。井筒の『起信論』解釈によって拡大し再構成してみれば、西田が『起信論』に読んだ「論理」はおよそ次のようになる。

『起信論』は「覚」と「不覚」とを語った。「不覚」をさまよう私たち凡人が、ある時、自らの「不覚」に目覚め、「覚」を目指し始める。「不覚」から離れ、「覚」を目指して歩き続ける。ところがその極限（自性清浄心）に至り着いた時、実はそれが「不覚」の真相と知る。「不覚」から離れて「覚」が成り立つのではない、「不覚」がそのまま「覚」である。あるいは、「覚」と「不覚」との両領域を、そっくりそのまま、同時に覚知している状態を、『起信論』は「覚」と呼ぶ。

言い換えれば、『起信論』は「覚」と「不覚」とを対立させると同時に両立させたということである。ある時は、対立を際立たせ、「不覚」から「覚」へと向かう「行《ぎょう》」を語りつつ、ある時は、その対立を解消してしまい、「不覚」の中に「覚」を見る。あるいは、両者を重ね合わせ、その双面的な全体を「覚」と呼ぶ。

同じことを、（『起信論』の得意とする表象）「浄」と「染」とで言えば、「染（汚れ・不浄）」を離れて「浄（無垢・真如）」になるのではない、「染」は「染」のまま「浄」に包まれる。西田で言えば、相対を離れて絶対に触れるのではなく、相対のまま絶対に包まれる。その時、相対は自らを絶対に投げ出し、絶対も相対に自らを投げ出し、つまり相互に自己否定を交換し合う仕方で、「染」は「染」のまま「浄」に包まれ、「浄」は「浄」のまま「染」を包む。一体になるわけではないが、別々ではない（一に非ず異に非ず）。

実は『起信論』はそもそも「染（心生滅）」を二重に語っていた。ある時は「染（心生滅）」を「浄（心真如）」と対立的に理解して、虚妄や汚れと否定的に呼び、しかしある時は「染（心生滅）」を「浄（心真如）」の顕れとして理解し、そのまま肯定する。つまり「染」は、一方では、真如の清浄を汚す「染」でありつつ、他方では、真如の顕れを可能にする創造の機能として肯定される。『起信論』に特有の「意識論」である。

さらに『起信論』は、同じことを「真如」の側から「存在論」としても語る。真如は自己顕現して現象世界の存在者となる。しかし、真如は消えない。個々の存在者として顕れても、真如は真如であり続ける。真如は自ら変化し、別の在り方へと変容しながら、他方では、それ自身に留まり、真如としての超越性を保ち続ける。むしろ真如の超越性は、現象から離れて成り立つわけではない。

現象世界への自己顕現は真如の堕落ではなく、むしろ現象世界に顕れることが真如の真の在り方である。

西田は「超越即内在」と呼ぶ。「即」の一文字にこうした入り組んだ関係性（次元転換）を託し、正確には、一文字には託しきれず、「超越即内在・内在即超越」と反転させることによって、その関係性（次元転換）を描き出そうとしたことになる。

およそ以上のような「論理」を西田は『起信論』に読み、親和的に受け取ったことになるのだが、一点、両者の間に食い違いがみられるのは、「言（コトバ）」の限界をめぐる議論である。あるいは、ディスコースの問題である。

『起信論』は「因言遣言」と語った。「言」を用いて「言」を追い遣《や》る（追い出す）。それを「論理の破綻」と見て「信」への飛躍と理解すれば、まさに「信を起こすための論（『起信論』）」である。それに対して西田のディスコースは「信」へと飛躍しない。むしろ「論理の破綻」を破綻のまま「論理」と捉える。矛盾を内に抱えた「（通常の）論理を超えた論理」。つまり「言を遣る（言を離れる）」場面に限って見れば、『起信論』と西田とは大きく異なっていた。西田は「言を離れる」ことなく、あくまで「依言真如」に留まり、その「留まる」論理を「矛盾的自己同一」として解き明かしたのである。

ところが、実は『起信論』も「言」から離れて終わりではなかった。むしろ「言」から離れた「離言真如」が、再び「言」の中に「依言真如」として顕れる。この場合の「依言真如」は「言」に内在するが、しかし超越している。「依言真如」における「真如」は、「言」と「一体ではないが、区別されるわけでもない（一に非ず異に非ず）」。そうした矛盾した事態を、『起信論』は「存在ではないが、非存在でもない」という。西田は「逆対応」という。「言葉」の側の自己否定、「真如」の側の自己否定、そうした両者が自己否定を交換し合う「逆対応」の関係と理解したのである。

東洋思想を論理的に基礎づけるための「論理」

晩年の西田が「論理」を重視したことは知られている。その「絶筆」は「私の論理について」と題され、「私の論理」は「学界からは理解せられない、否一顧も与へられないと云つてよい」、あるいは、「人は私の論理と云ふのは論理ではないと云ふ」と嘆いた上で、その最後は次のように終わる（中断されたまま途切れてしまう）。

> 我々は是に於て論理とは如何なるものかを考へて見なければならない。論理と云ふのは我々の思惟の方式である。論理とは如何なるものなるかを明らかにするには我々の思惟の本質からでなければならない。（十巻四三二頁）

「論理」を「思惟の本質」から考え直す。むろんその先に西田は、「現実の世界の論理（歴史的形成作用）」を考えていた。「具体的論理は、現実の世界の自己表現の形式でなければならない。形式論理とはその抽象的形式にすぎない」（「知識の客観性について」九巻四六三頁）。

しかし、その「具体的論理」が直接「東洋の論理」ということにはならない。確かに、東洋の思想の底には「西洋の論理」とは異なる精神があるのだが、しかし東洋ではそれが「論理」としては展開されてこなかった。「我々は先ず西洋論理を論理として之によつて論理的思惟を形成せなければならない。併しそれと共に、私はそれが単に論理そのものと云ふのではなく、西洋文化の精神を根柢としたものたることを思はざるを得ない」（「日本文化の問題」九巻六九頁）。

つまり、西洋の論理に即して「論理的思惟」を形成しつつ、同時にその論理の相対性を批判的に検討する。その「論理」がいかに西洋の精神に特有の限定を受けているか。そこで（先にも見た）両面作戦が必要となる。一方では、西洋の思惟の土台からその論理の限界を見極め、他方では、東洋の思惟の中からその「思惟の本質」に即した論理を導き出し、この二つのベクトルの交点に自らの論理を定式化しようとする。

晩年の西田において、そうした課題は、『善の研究』の「根本の精神」を論理化する仕事としても自覚されていた。「『善の研究』のやうな考をどこまでも論理的に考へやうといふのがこの十年以来の私の努力であつて、『善の研究』で初めて自分が考へたやうなことを本当に学問的に練上げるには、従来の論理ではどうも十分よくいかない。そこで、ひとつの新しい論理がなくてはならない。そういふ論理を工夫しやうと努力したのである」（「歴史的身体」十二巻三四三頁。前出、本書一一二頁）。

では、そのように論理化を期待された「根本の精神」は「東洋の思想」であったのか。確かにすぐに続けて、「東洋思想と云ふやうなものは、つまり我々が其の中に育つてきた思想、例えば仏教のやうなものは」と語っていたのであれば、「東洋の思想」を自らの基盤と理解していたようにも思われる。

しかし他方で、『善の研究』は、自らの「考え」の出発点を「何の影響によるのか知らない」と繰り返した。「私は何の影響によつたかは知らないが、早くから実在は現実そのままのものでなければならない、所謂物質の世界といふ如きものは此から考へられたものに過ぎないといふ考を有つていた」（一巻四頁、傍点は引用者、以下同じ）。あるいは、「純粋経験を唯一の実在としてすべてを説明して見たいといふのは、余が大分前から有つて居た考であった」（一巻六頁）。

つまり、「根本の精神」の始点は「東洋の思想」とは規定されない。むしろ気がついた時には、「大分前から有つて居た」と語られるしかない。闇の中である。むろん、そもそも「始点」は常に「事後的に」自覚されるのであれば、ひとり西田だけの困難ではないとしても、西田はその闇に包まれた「始点」を含む「根本の精神」を論理化しようと努めたことによって、その困難を自覚的に引き受けざるを得なかった。すなわち、「根本の精神」を「我々が其の中に育つてきた思想」から捉え直す試みを、「東洋思想を論理的に基礎づける」作業と同時並行すること、より正確には、東洋思想を基礎づけるために適切な「新しい論理」を整えることから開始しなければならなかったということである。

「自らを基礎づける思想」を論理的に基礎づけるための「新しい論理」の追究、それが西田の仕事であったと当時に、私たちに残された課題であったことになる。

文献一覧

回 西田幾多郎、鈴木大拙関連著作

西田からの引用はすべて新版『西田幾多郎全集』全二十四巻別巻一（岩波書店、二〇〇二―二〇〇九年）に依る。文庫版がある論考については文庫版も示した（『善の研究』岩波文庫、改版二〇一二年、『西田幾多郎哲学論集Ⅲ』岩波文庫、一九八九年）

鈴木代拙からの引用はすべて『鈴木大拙全集増補新版』全四十巻（岩波書店、一九九九―二〇〇三年）に依る。

Daisetz Teitaro Suzuki, *Outlines of Mahâyâna Buddhism*, Open Court, 1907.（佐々木閑訳『大乗仏教概論』岩波書店、二〇〇四年、岩波文庫、二〇一六年）

両者の書簡に関しては、『西田幾多郎宛、鈴木大拙書簡』（西村恵信編、岩波書店、二〇〇四年）

回 井筒俊彦関連

『意識と本質』岩波書店、一九八三年、岩波文庫、二〇〇一年。ドイツ語訳＝Toshihiko Izutsu, *Bewusstsein und Wesen*, München: Iudicium, 2006.

『意味の深みへ――東洋哲学の水位』岩波書店、一九八五年

『コスモスとアンチコスモス――東洋哲学のために』岩波書店、一九八九年
『意識の形而上学――『大乗起信論』の哲学』中央公論社、一九九三年
『東洋哲学の構造――エラノス会議講演集』澤井義次監訳、金子奈央・古勝隆一・西村玲訳、慶應義塾大学出版会、二〇一九年
Toshihiko Izutsu, „The Nuxus of ontological Events: A Buddhist view of Reality", in; Toshihiko Izutsu, *The Structure of Oriental Philosophy: Collected Papers of the Eranos Conference*, Vol. II, Keio University Press, 2008. 初出は一九八〇年

回 仏典関連

Açvaghosha's Discourse on the awakening of faith in the Mahâyâna, translated for the first time from the Chinese version by Teitaro Suzuki. Open Court Publishing Company, 1900.（鈴木大拙訳『大乗起信論』）
宇井伯寿・高崎直道訳註『大乗起信論』岩波文庫、一九九四年
平川彰『仏典講座二二、大乗起信論』大蔵出版、一九七三年
古賀英彦訳注『大乗起信論』思文閣出版、二〇〇二年
The Awakening of Faith, translated by Yoshito S. Hakeda, Columbia University Press, 2006.（Hakeda 訳『大乗起信論』）
国際仏教学大学院大学・学術フロンティア実行委員会編『大乗起信論』二〇〇七年

回 引用文献

石井公成 1996 『華厳思想の研究』春秋社
磯前順一 2002 「井上哲次郎の『比較宗教及東洋哲学』講義——明治二十年代の宗教と哲学」『思想』九四二号
板橋勇仁 2004 『西田哲学の理論と方法——徹底的批評主義とは何か』法政大学出版局
井上禅定・禅文化研究所編 1989 『鈴木大拙未公開書簡』禅文化研究所
井上克人 2011 『西田幾多郎と明治の精神』関西大学出版部
井上克人 2015 「西田哲学の論理的基盤——〈体・用〉論の視座から」『〈時〉と〈鏡〉超越的覆蔵性の哲学——道元・西田・大拙・ハイデガーの思索をめぐって』関西大学出版部
井上哲次郎 1901 「認識と実在の関係」、井上哲次郎編『哲学叢書』第一巻第二集、明治三十四年、集文閣
井上哲次郎 1881 『哲学字彙』井上哲次郎編、有賀長雄増補、名著普及会、一九八〇年、初版明治十四年
上田閑照 1991 『西田幾多郎を読む』岩波書店、『上田閑照集』第三巻
上田閑照 2002 「逆対応と平常底」『上田閑照集』第十一巻
大橋良介 1995 『西田哲学の世界』第二章、筑摩書房
大峯顯 1994 「逆対応と名号——西田哲学と浄土真宗」、上田閑照編『没後五十年記念論集・西田哲学』創文社
柏木弘雄 1981 『大乗起信論の研究——大乗起信論の成立に関する資料論的研究』春秋社

鎌田茂雄 1965 『中国華厳思想史の研究』東京大学出版会
鎌田茂雄 1974 「法界縁起と存在論」『講座仏教思想』第一巻、理想社
鎌田茂雄 1979 『華厳五教章』仏典講座二八、大蔵出版
鎌田茂雄 1987 『大乗起信論物語――中国仏教の実践者たち』大法輪閣
木村清孝 2001 「原坦山と『印度哲学』の誕生――近代日本仏教史の一断面」『印度学仏教学研究』第四十九巻第二号
小坂国継 2013 『明治哲学の研究』岩波書店
小林敏明 2002 「西田幾多郎『日本文化の問題』」、大澤真幸編『ナショナリズムの名著五〇』平凡社
小林敏明 2003 『西田幾多郎の憂鬱』岩波書店
末木剛博 1990 「『大乗起信論』の論理――凡夫日常心の立場から」、平川彰編『如来蔵と大乗起信論』春秋社（『日本思想考究』春秋社、二〇一五年、所収）
末木剛博 1981 「西田哲学の論理」、峰島旭雄編『東洋の論理――西田幾多郎の世界』北樹出版
末木剛博 1988 『西田幾多郎――その哲学体系』全四冊、春秋社
末木剛博 2001 『増補新版 東洋の合理思想』法藏館
末木文美士 2004 「〈東洋的〉なるものの構築――戦時下京都学派における東洋と日本」『岩波講座・宗教』四、岩波書店
杉本耕一 2013 『西田哲学と歴史的世界――宗教の問いへ』京都大学学術出版会

高崎直道 1991 『『大乗起信論』を読む』岩波セミナーブックス
竹村牧男 2002 「逆対応の宗教哲学」『西田幾多郎と仏教』大東出版社
竹村牧男 2005 「『事事無礙法界』と『場所』―『五教章』「十玄門」の理路を辿って」『場所』第四号
玉城康四郎 1975 『大乗起信論の根本問題――本論の理解と批判を含めて止観の実践に及ぶ』、関口真大編
『止観の研究』岩波書店
新田義弘 1998 『現代の問いとしての西田哲学』岩波書店
新田義弘 2004 「知の自証性と世界の開現性――西田と井筒」『思想』九六八号
西平直 2014 『無心のダイナミズム』岩波現代全書
西村惠信 1993 『鈴木大拙の原風景』大蔵出版
袴谷憲昭 1990 「『大乗起信論』に関する批判的覚え書き」、平川彰編『如来蔵と大乗起信論』春秋社
原坦山 1988 『大乗起信論両訳勝義講義』萬昌院功運寺
久松真一 1983 『起信の課題』理想社
藤田正勝 2011 『西田幾多郎の思索世界』岩波書店
務台理作 1944 『場所の論理学』こぶし書房、一九九六年（初版一九四四年）
山田史生 1999 『混沌への視座――哲学としての華厳仏教』春秋社

あとがき

十数年前、東京の大学から、京都の大学に移った時、小さな違いをたくさん経験した。そのひとつに西田哲学がある。東京では西田哲学を語る時、（知らないうちに）身構えていた。京都に来たら、それがなくなった。それどころか、西田哲学を大切にする空気に押されて、私も本格的に学んでみたいと思うようになった。

大学院のゼミで、約十年、後期西田の論文を読んだ。しかし（ここで書くのも変だが）結局、馴染むことができなかった。とりわけその特異な文体には、最後まで、悩まされた。繰り返しが多く、話の筋が見えにくい。前日に書いた部分を語り直しながら、その勢いに乗って話を先に展開しようと試みている。そうした思索の跡がそのまま残されている（林達夫の語る「エッセー的」文体である）。私の好みには合わなかった。

にもかかわらず、読み続けていると、その背後に何か大切なことが語られようとしていると感じる。それが、本当に西田の語ろうとしていたことであるのか、私の勝手な想像であるのか、その判断もつかぬまま、次第に（「テクスト理論」のように）作者の意図がテクストの唯一の正解ではないという気持ちになってくる。テクストの意味は読み手が（テクストとの対話の中で）そのつど紡ぎ出してゆけばよい。あるいは、西田のテクストは、私たちが参加し、私たちによって解釈されることを待っている。西田は既に「わかった」ことを書いたのではなくて、まだ「わかっていない」ことを書きながら、自分自身で確認しようと手探りしていた。その手探りに私たちも巻き込まれ、私たちも自分なりの手探りを始める。その意味で、西田のテクストを読むと、私たちの内側の何かが動き始める（「京都学派」とはそのように西田によって刺激され、自らの手探りを始めた人たちの「哲学工房」であったのだろう）。

西田を読み始めた頃は、（世阿弥を通して考えてきた）「身体」、「表現」、「生命」などの問題を、西田哲学の言葉で考え直したいと思っていた。ところが、テクストを読んでいると、しばしば仏教思想への言及がある。しかも西田はそれに期待する。ヘーゲルの「過程弁証法」では足りない。「仏教の般若の思想こそ、却つて真に絶対弁証法に徹して居ると云ふことができる」（「場所的論理と宗教的世界観」十巻三一七頁）。

そうした文章に出会うたびに、私は、井筒俊彦の仕事を思い出した。西田が、そこに鉱脈があると指し示した、まさにその鉱脈を、井筒は丁寧に採掘し、その貴重な知恵を西洋哲学の言葉とつながる仕方で解き明かしていた。

ならば、井筒の側から、西田を読むことはできないか。西田が、そこにこそ自らの目指す「論理」が生きていると示した伝統思想の側から、西田の「論理」を照らし出す。正確には、伝統思想それ自身からではなく、井筒が解き明かした伝統思想の「論理」から、西田の「論理」を照らし出す。

つまり、井筒を介して西田を読むという話の筋を予感したのである。

しかし、井筒と西田とを安易に重ねてよいか。井筒が西田について語っていないことが気になった。ただ、井筒俊彦、新田義弘、上田閑照という三先生が、かつて数年間、西田のテクストを読みながら議論する会を持っていたという話を聴いた（上田閑照先生からの私信）。少し大袈裟に言えば、その話が微かな導きの糸となった。その会合でどんな議論が交わされたのか、それを想像することから、本書の試みは始まったことになる。

末木剛博『西田幾多郎――その哲学体系』全四冊に出会ったのは、そうした頃だった。最初はその乾いた文体に戸惑った。西田の文章を細かく切り分け、短い命題にしてしまう。そして、命題相互の関連を問い、論理演算式によって検証する。他の西田論とはまったく趣きを異にするその研究スタイルに、しかし、なぜか、私は惹かれた。おそらくある時期の井筒の思想研究（例えば、『スーフィズムと老荘思想』）に似たものを感じたのだと思う。

その予感は、華厳哲学や『起信論』に関する末木の論考によって、ますます強まった。異なる思想を重ね合わせる「比較」作業、あるいは、その具体的な作業に入るまでの周到な道具立てにおいて、井筒と末木は、響き合っていた。正確には、「ことば」を用いて「思想（ことば）」を研究することに対する慎重な手続きにおいて、（もちろん細かな手法は違うのだが）響き合っていた。少なくとも、西田の「エッセー的」文体を吟味するためには、貴重なモデルであると思われた。

井筒も末木も、それぞれ異なる仕方で、仏教哲学（華厳や『起信論』）について論じていた。ところが、末木は西田について論じたが、井筒は西田について論じなかった。では、もし井筒が西田を論じたとすれば、どういう西田論になったか。私はそんなことを想像していた。

ところが、実際の作業は、予想以上に入り組んだことになった。まず、井筒が解き明かした華厳哲学の構図と、末木が解き明かした華厳哲学の構図とを重ね合わせる（そのズレを確認する）。次に、その過程で浮かび上がった華厳哲学の姿を、西田が華厳哲学に期待した課題に対応させる。そして、そこから遡る仕方で、西田が語ろうとした「東洋的世界観の論理」を確認する。

しかし執筆に際しては、順序をまったく逆にして、まず西田が華厳哲学に期待した課題を提示し、次に華厳哲学に関する多様な先行研究を確認し、その後に井筒の華厳理解を確認し、最後に西田の議論が華厳哲学の言葉ではどう語られることになるのか、それを示すことにした。その過程で、（本当は常に末木に導かれていたにもかかわらず）末木の仕事を背景に回し、西田と井筒との関係を前面に出すことになった。

『起信論』の作業は、違った意味で、厄介なことになった。そもそも西田自身はその著作の中で起信論についてほとんど言及したことがなかった。しかし、鈴木大拙の英訳（*Açvaghosha's Discourse on the awakening of faith in the Mahâyâna*,1900）を補助線におくと、若き西田と『起信論』とのつながりが見えてくる。しかも明治期の日本の哲学において『起信論』は重要な位置にあった。西洋哲学に対峙する東洋哲学を期待されて開設された講座において、その最初の講読テクストに『起信論』

が選ばれていたのである（本書第II部第一章）。

そこで、『起信論』に関する作業は、二つの流れに分かれた。一方は、鈴木大拙『起信論』英訳を真ん中において、西田と井筒との関連を（主として西田のライフコースに即して）見る。他方は、末木の『起信論』理解を真ん中において、西田と井筒との関連を（主として『起信論』のディスコースに即して）検討する。その二つの作業を通して、『起信論』の言葉によって西田の「論理」を理解することになったのである。

本当は、その先に「中観」哲学があり、あるいは、西田があまり言及しなかった「唯識」哲学があり、さらには、「密教」思想の問題が待ち構えており、「井筒を介して西田を読む」作業はさらに展開してゆく予定だったのだが、一度中断してしまうと、いつまたその作業を再開することができるのか、見通しがつかなくなってしまった。そこで、一度、試みの端緒だけでもご覧いただき、ご批判を賜りたいと思ったのである。

初出は以下の通りである（ところどころ手を入れ直した）。

序章　書き下ろし

第I部　「西田哲学と『事事無礙』――井筒俊彦の華厳哲学理解を介して」『思想』特集・西田哲学研究の射程、一〇九九号、二〇一五年十一月。

第II部第一章＋第二章　「西田哲学と『大乗起信論』――井筒俊彦『意識の形而上学』を介して」

上、『思想』一一〇八号、二〇一六年八月。
第Ⅱ部第三章「西田哲学と『大乗起信論』——井筒俊彦『意識の形而上学』を介して」中、『思想』一一一〇号、二〇一六年十月。
第Ⅱ部第四章「西田哲学と『大乗起信論』——井筒俊彦『意識の形而上学』を介して」下、『思想』一一一三号、二〇一七年一月。

本書と姉妹編『東洋哲学序説　井筒俊彦と二重の見』（未来哲学研究所／ぷねうま舎、二〇二一年）とは、当初、一冊の本として計画された。しかし作業を進める中で、西田を理解するために井筒を必要としたのか、井筒を理解するために西田を必要としたのか、話が混乱してきた。分冊を提案してくださったのは、ぷねうま舎の中川和夫氏である。こうした未熟な試みに目を留め、温かく見守り続け、「東洋哲学序説」という言葉を加えてくださった熟練の編集者に、この場を借りて、心からの感謝を申し上げたい。

西平　直

二〇二一年五月四日

西平　直

1957年生まれ．専攻，教育人間学，宗教心理学，死生学，哲学．現在，京都大学教育学研究科教授．
著書，『エリクソンの人間学』（1993），『魂のライフサイクル——ユング・ウィルバー・シュタイナー』（1997），『教育人間学のために』（2005），『世阿弥の稽古哲学』（2009），『ライフサイクルの哲学』（2019，以上，東京大学出版会），『無心のダイナミズム——「しなやかさ」の系譜』（岩波現代全書，2014），『誕生のインファンティア』（みすず書房，2015），『稽古の思想』（2019），『修養の思想』（2020），『養生の思想』（2021，以上，春秋社），『東洋哲学序説　井筒俊彦と二重の見』（未来哲学研究所／ぷねうま舎，2021）ほか．

東洋哲学序説　西田幾多郎と双面性

2021年8月25日　第1刷発行

著　者　西平《にしひら》　直《ただし》

発行所　未来哲学研究所
https://miraitetsugaku.com

発売所　株式会社ぷねうま舎
〒162-0805
東京都新宿区矢来町122　第二矢来ビル3F
電話 03-5228-5842　ファックス 03-5228-5843
http://www.pneumasha.com

印刷·製本　株式会社ディグ

ISBN 978-4-910154-23-7　Printed in Japan